MUJERES EN EL DEPORTE

50 VALIENTES ATLETAS QUE JUGARON PARA GANAR

ESCRITO E ILUSTRADO POR

RACHEL IGNOTOFSKY

TRADUCIDO POR IX-NIC IRUEGAS

ÍNDICE

INTRODUCCIÓN

"El sexo débil", no era la primera vez que se mencionaba esta falsa idea, y no sería la última. En 1973 Bobby Riggs, ex campeón de tenis, dijo esto sobre las mujeres, y la tenista Billie Jean King enfrentó a este intimidador. Con gran maestría, fuerza física y seguridad en sí misma, ella cambió el mundo con su raqueta de tenis.

A través del tiempo, las mujeres han sido etiquetadas como débiles y han sido excluidas de competencias, gimnasios, equipos y clubes deportivos. Sin una cancha para probar su fuerza y sus habilidades, ha sido difícil para ellas luchar contra el sexismo. Esta situación también se reproduce en otros ámbitos: les han negado el derecho a la educación y el acceso a oportunidades civiles, económicas y de liderazgo; y han tenido que probar una y otra vez que son tan inteligentes y trabajadoras como los hombres. Las atletas como Billie Jean han luchado contra el estereotipo más básico: que el cuerpo de la mujer es inherentemente menos fuerte y capaz que el del hombre. A pesar de todo, el progreso de las atletas ha sido muy inspirador.

En los años 70, el feminismo estaba en auge en Estados Unidos, el Reino Unido y otras naciones desarrolladas. Las mujeres exigían salarios y oportunidades iguales. En 1972 en EUA se aprobó el Título IX de las Enmiendas de Educación, que volvía ilegal la discriminación de género en los recursos otorgados a los programas deportivos en las escuelas. Por primera vez, las universidades dieron becas deportivas a las mujeres y, al fin, ellas pudieron vivir su pasión deportiva y mostrar su verdadera fuerza.

Pero el contragolpe fue inevitable, muchos aún consideraban que las mujeres debían dedicarse a "actividades para damas". Así pensaba el tenista Bobby Riggs, quien quería derrotar a Billie Jean, la mejor jugadora de tenis de la época, para demostrar que las mujeres no tenían cabida en los deportes. En 1973 la retó a un partido de tenis llamado la "batalla de los sexos". Al principio ella se negó, pero cuando Bobby venció a Margaret Court, la campeona del Grand Slam, en la contienda nombrada "Masacre del Día de la Madre"; Billie Jean comprendió que había más en disputa que un partido de tenis.

Todos observaron cómo Billie Jean y Bobby entraron a la cancha. Así que ganar no era suficiente, Billie tenía que trapear el suelo con su oponente. Y lo hizo con un marcador de 6-4, 6-3 y 6-3. Ella lanzó su raqueta al aire en señal de victoria y la multitud enloqueció. Mujeres de todo el mundo la vieron y se sintieron empoderadas para defenderse a sí mismas. Muchas le agradecieron por motivarlas a pedir un aumento de sueldo o un ascenso. Los hombres querían que sus hijas crecieran fuertes

¡ELLA HA IMPLANTADO UN NUEVO RÉCORD!

¡ELLA ES FUERTE!

¡ELLA ES LA MÁS RÁPIDA!

y valientes como Billie Jean, quien también usó su estatus de estrella deportiva fuera de la cancha para crear iniciativas que garantizaran igualdad de oportunidades para las mujeres y las personas negras. Éste es el poder cultural del deporte: con el entretenimiento y la competencia, se inspira valentía. La lucha por la justicia social a menudo inicia en la cancha. A través de victorias históricas y de implantar récords, atletas como Billie Jean han compartido sus historias, roto estereotipos y creado cambios.

Los deportes siempre han sido parte de la cultura y los atletas se vuelven héroes, íconos sociales y ejemplos positivos. No obstante, aunque los deportes deberían relacionarse con las habilidades y con el trabajo duro, los prejuicios han limitado a las mujeres para que compitan. Ha sido necesario que mujeres valientes rompan estas barreras, desafiando las reglas con ingenio y arriesgándose para demostrar que tienen la fuerza, independencia y capacidad para dirigir y cambiar el mundo. Cuando los diarios se burlaban y decían que una mujer "débil" como Gertrude Ederle no podría cruzar a nado el Canal de la Mancha, ella decidió que se ahogaría o triunfaría; triunfó y estableció un récord en 1926. Cuando Althea Gibson jugó tenis en la época de la segregación, su talento resultó tan innegable que superó la barrera racial y fue la primera afroamericana en mostrar su destreza en Wimbledon. Tuvieron que juzgarla por su desempeño y no por su color de piel, así ayudó al movimiento de los derechos civiles y facilitó el camino de otras atletas, como Serena Williams. Cuando a Sue Sally Hale le dijeron que las mujeres no podían jugar polo, se disfrazó de hombre durante 20 años para poder practicar el deporte que amaba; y sólo reveló su secreto para obligar a que el polo fuera una práctica mixta, lo cual le permitió ser líder de esta disciplina.

Éstos son sólo algunos ejemplos de mujeres deportistas que demostraron su valor como personas, mostrando lo que las mujeres pueden hacer y creando más oportunidades para las próximas generaciones. Todavía existen dificultades para las atletas, como la desigualdad en los salarios, la falta de recursos y de cobertura mediática; sin embargo, en cada generación, las mujeres desafían las expectativas y logran proezas físicas que combaten el *statu quo*. Este libro está lleno de historias de niñas que crecieron hasta alcanzar sus más grandes sueños; historias de mujeres que se esforzaron al límite, que hicieron lo imposible y se convirtieron en leyendas.

LÍNEA DEL TIEMPO

A través de la historia, las mujeres han tenido que luchar por el derecho a competir, han demostrado su capacidad con fuerza física, resistencia y victorias impresionantes. De tener prohibido si quiera ser espectadoras de eventos deportivos, se han convertido en algunas de las atletas más fuertes de todos los tiempos, ¡celebremos lo lejos que las mujeres han llegado en el deporte!

NO SE ADMITEN CHICAS.

ALREDEDOR DEL AÑO 776 A. C.

En los primeros Juegos Olímpicos de la Antigüedad, las mujeres no podían competir y las que estaban casadas incluso tenían prohibido bajo pena de muerte asistir a los Juegos como espectadoras. No obstante, las mujeres solteras pudieron demostrar sus proezas atléticas en los Juegos Hereos.

1866

La Universidad Vassar, en Estados Unidos, creó un equipo de beisbol femenil.

1926

Gertrude Ederle fue la primera mujer en cruzar a nado el Canal de la Mancha.

1950

Althea Gibson fue la primera jugadora de tenis afroamericana en competir en un torneo nacional dentro de un club deportivo exclusivo para personas blancas.

1972

Los recursos económicos para los deportes escolares eran otorgados desproporcionadamente a los hombres, lo cual dejaba a las mujeres con muy pocas oportunidades de jugar. En 1972 el Título IX de las Enmiendas Educativas determinó ilegal la discriminación con base en el género en cualquier actividad escolar, incluidos los deportes.

1978

La UNESCO declaró que el deporte es un "derecho fundamental para todos". Si bien es un derecho que a menudo se pasa por alto, hay personas en diferentes partes del mundo que se dedican a garantizar que también las mujeres y las niñas puedan participar en actividades físicas, incluso en las naciones más oprimidas.

1896

Aunque las mujeres tuvieron prohibido competir en las primeras Olimpiadas de la era moderna, se sabe que una mujer, Melpómene, corrió el maratón de 42 km de forma no oficial. Su historia ha inspirado a muchos.

1900

Se llevaron a cabo los primeros Juegos Olímpicos en los que autorizaron que las mujeres compitieran.

1964

Antes de la Ley de los Derechos Civiles de 1964, en EUA, los afroamericanos no tenían la misma protección ante la ley que los demás estadunidenses. Ese año se determinó que la segregación en las escuelas, los trabajos, las instituciones privadas y el deporte era inconstitucional. Aunque los efectos de esta discriminación aún pueden sentirse, actualmente, las personas negras tienen más oportunidades en el empleo y los deportes.

1966

Bobbi Gibb fue la primera mujer en correr el maratón de Boston cuando se coló entre los participantes disfrazada de hombre. Al año siguiente, Kathrine Switzer también terminó el maratón, incluso después de que un juez sexista intentó sacarla a jalones de la carrera.

1991

La FIFA organizó la primera Copa Mundial Femenil de futbol soccer.

1996

Se creó la Asociación Nacional de Basquetbol Femenil (WNBA, por sus siglas en inglés) en Estados Unidos.

ACTUALIDAD

Las atletas rompen récords y tienen grandes triunfos, pero siguen luchando por la igualdad en el acceso al deporte, en la cobertura mediática y en los salarios. Con cada victoria, ellas demuestran lo fuertes que son las mujeres.

PRIMERA MUJER EN COMPETIR EN EL CAMPEONATO MUNDIAL DE PATINAJE ARTÍSTICO.

GANÓ LA MEDALLA DE ORO EN LAS OLIMPIADAS DE 1908.

INSPIRÓ LA CREACIÓN DE LA CATEGORÍA FEMENIL EN EL PATINAJE ARTÍSTICO.

"LA SEÑORITA SYERS ESTÁ EN UNA CATEGORÍA ÚNICA. LA MARAVILLOSA EXACTITUD DE SUS FIGURAS EN COMBINACIÓN CON LA POSTURA Y LOS MOVIMIENTOS PERFECTOS FUERON LA PRINCIPAL ATRACCIÓN DEL PATINAJE ESTA MAÑANA". REPORTE OFICIAL DEL CLUB DE PATINAJE DEL PRÍNCIPE EN LOS JUEGOS OLÍMPICOS DE 1902.

MADGE SYERS

PATINADORA ARTÍSTICA

USÓ FALDA LARGA EN SU PRIMER CAMPEONATO MUNDIAL.

LOS CRÍTICOS SEXISTAS DEL CAMPEONATO MUNDIAL FEMENIL TEMÍAN QUE LOS JUECES SE ENAMORARÁN DE LAS PATINADORAS.

GANÓ EL CAMPEONATO NACIONAL INGLÉS EN 1903 Y 1904.

PUSO DE MODA PATINAR CON FALDAS QUE LLEGABAN A MEDIA PANTORRILLA PARA QUE LOS JUECES PUDIERAN VER EL MOVIMIENTO DE LOS PIES.

ESCRIBIÓ JUNTO CON EDGAR EL LIBRO *THE ART OF SKATING INTERNATIONAL STYLE*.

PRIMERA MUJER EN GANAR 2 MEDALLAS EN PATINAJE ARTÍSTICO EN LOS MISMOS JUEGOS OLÍMPICOS.

Florence Madeline "Madge" Cave nació en 1881 y creció en Inglaterra. En el invierno, hombres y mujeres disfrutaban del patinaje artístico, pero a ellas no les permitían competir. Muchos temían que las competencias representaran demasiado esfuerzo para el "débil" cuerpo de la mujer. Sin embargo, Madge era una patinadora tan sorprendente que consiguió renombre y respeto en la comunidad del patinaje.

En 1899 Madge se casó con el patinador Edgar Syers, quien la entrenó para dejar atrás el estilo rígido del patinaje inglés y le enseñó los movimientos más fluidos del patinaje internacional. Ella era una patinadora nata y pronto estuvo lista para enfrentar el Campeonato Mundial de 1902, en el cual, en ese tiempo, sólo competían hombres. Desafió esta situación y se inscribió al campeonato. Los jueces protestaron y querían sacarla, pero descubrieron que no había ninguna regla explícita que excluyera a las mujeres, así que tuvieron que dejarla competir.

En este campeonato, Madge tuvo que demostrar que merecía estar en la pista de hielo tanto como cualquier patinador hombre, y triunfó: quedó en segundo lugar, con lo cual aseguró un sitio entre la comunidad del patinaje artístico. En reconocimiento por su magnífico desempeño, la Unión Internacional de Patinaje creó el Campeonato Mundial Femenil. Madge obtuvo el primer lugar en la primera edición de éste en 1906 y volvió a ganarlo al año siguiente. Después se dirigió al gran escenario internacional: ¡las Olimpiadas!

Si bien el Comité Olímpico Internacional (COI) comenzó a permitir la participación de las mujeres en 1900, muchas de las pruebas seguían siendo sólo para los hombres. Las Olimpiadas de 1908 incluyeron el patinaje artístico por primera vez en su historia e incorporaron una categoría femenil. Madge se llevó el oro por su desempeño individual y también ganó el bronce con Edgar, en la categoría de parejas.

Por desgracia, la vida de Madge se interrumpió de forma trágica; desarrolló una inflamación cardiaca aguda y murió en 1917, a los 35 años. Su valentía para desafiar las normas y su excelente desempeño como patinadora crearon un espacio para que las próximas generaciones de mujeres pudieran mostrar su talento al mundo.

SALTÓ MÁS DE 1000 VECES.

PRIMERA PERSONA EN SALTAR EN CAÍDA LIBRE.

PRIMERA MUJER EN SALTAR DESDE UN AVIÓN.

"CUANDO VI ESE GLOBO QUE SUBÍA HACIA EL CIELO, SUPE QUE NUNCA SERÍA LA MISMA". TINY BROADWICK.

TINY BROADWICK

PARACAIDISTA

Desde que podía recordarlo, a Georgia Ann Thompson le decían "Tiny". No medía más de 1.50 m y pesaba 40 kg, pero eso no evitó que tomara grandes riesgos: en su carrera como paracaidista se rompió huesos, se atoró en árboles e incluso cayó sobre un tren en movimiento. Siempre volvía al cielo y decía: "No hay diversión real si no es estás muy arriba en el cielo".

Tiny nació en 1893 en Carolina del Norte, EUA. A los 15 años ya era viuda y tenía que mantener a su hija trabajando en un molino de algodón. Sin embargo, su vida cambió para siempre cuando llegó una feria a su pueblo: ella se quedó con la boca abierta al ver el acto circense del globo aerostático, en el cual los artistas saltaban del globo en paracaídas. Tiny le suplicó al líder del grupo, Charles Broadwick, que la dejara formar parte del acto y, en 1908, saltó en paracaídas por primera vez. Así encontró su vocación. Charles adoptó a Tiny y juntos viajaron por todo el país para que ella pudiera saltar desde globos aerostáticos.

Si bien los paracaídas se crearon con el objetivo de que los viajes aéreos fueran más seguros, los militares y el público no comprendían ni confiaban en este nuevo invento. Para cambiar la percepción de la gente sobre la seguridad que brindaban, Tiny fue la primera mujer en saltar con paracaídas desde un avión en 1913. Con la ayuda del piloto y especialista en aviación, Glenn Martin, ella saltó de una aeronave a más de 600 m de altura. Impresionado por su experiencia, el ejército estadunidense la contrató para que asesorara al cuerpo de aeronáutica durante la Primera Guerra Mundial. Sus saltos ayudaron a establecer prácticas estandarizadas para usar los paracaídas en la Fuerza Aérea. En 1914 Tiny ejecutó el primer salto en caída libre de la historia cuando una práctica militar salió mal y las líneas de su paracaídas se enredaron en la cola del avión, ella tuvo que cortarlas para soltarse, pero llegó a tierra sana y salva.

En toda su carrera como paracaidista, Tiny siguió haciendo acrobacias peligrosas. Después de más de 1000 saltos, desarrolló problemas en los tobillos y se retiró en 1922, a los 29 años. Tiny murió en 1978. Hoy es considerada una figura legendaria en el mundo de la aviación y pionera de uno de los deportes más emocionantes y extremos.

ABRÍA VARIOS PARACAÍDAS EN SU ACTO CIRCENSE.

PRIMERA MUJER EN SALTAR HACIA UN CUERPO DE AGUA, AL ATERRIZAR EN EL LAGO MICHIGAN.

RECIBIÓ LA MEDALLA DE LOS PIONEROS EN AVIACIÓN Y LA MEDALLA JOHN GLENN DEL GOBIERNO ESTADUNIDENSE.

LLAMADA LA "PRIMERA DAMA DEL PARACAIDISMO".

MIEMBRO DEL GRUPO "EARLY BIRDS OF AVIATION", (ASOCIACIÓN DE PILOTOS QUE VOLARON ANTES DEL 17 DE DICIEMBRE DE 1916).

UN PARACAÍDAS SUYO ESTÁ EN EL MUSEO DEL AIRE Y EL ESPACIO.

MIEMBRO DEL SALÓN DE LA FAMA DEL DEPORTE CANADIENSE.

300

NOMBRADA DEPORTISTA DE MEDIO SIGLO EN CANADÁ (1900-1950).

LLAMADA "LA SÚPER MUJER DEL HOCKEY".

"LA CHICA MODERNA ES UNA MEJOR EMPLEADA Y ES MÁS FELIZ GRACIAS AL SALUDABLE PLACER QUE PROVOCA JUGAR TENIS Y LACROSSE, NADAR, CORRER, SALTAR Y HACER OTROS DEPORTES". BOBBIE ROSENFELD.

BOBBIE ROSENFELD

ATLETA Y JUGADORA DE HOCKEY SOBRE HIELO, TENIS Y SOFTBOL

ESTABLECIÓ RÉCORDS NACIONALES DE SALTO DE LONGITUD, SALTO DE ALTURA SIN IMPULSO Y DISCO EN PRUEBAS OLÍMPICAS.

#1 PAPÁ

COMO ERA DIFÍCIL CONSEGUIR ROPA DEPORTIVA PARA MUJERES, USABA UNA CUERDA PARA SOSTENER SUS SHORTS Y SE PONÍA LAS CAMISETAS DE SU PADRE.

¡TÚ PUEDES, JEAN!

PARTICIPÓ EN UNA CARRERA OLÍMPICA EN 1928 PARA ANIMAR A SU COMPAÑERA JEAN THOMPSON.

Fanny "Bobbie" Rosenfeld nació en 1904 en Rusia, pero cuando era bebé su familia se mudó a Canadá. En la adolescencia, Bobbie jugaba softbol y era conocida por su velocidad. Durante un torneo, sus compañeras de equipo la animaron a que entrara a una carrera de 100 m planos. Vestida con su uniforme de softbol, corrió y alcanzó la victoria; ganó su primera medalla deportiva y destronó al campeón nacional canadiense. Así comenzó su carrera en el atletismo y, a mediados de los años 20, era una de las principales velocistas en Canadá.

En 1928 se permitió por primera vez que las mujeres compitieran en atletismo en las Olimpiadas; aunque sólo a modo de prueba. En esa época, muchos médicos creían que el cuerpo de la mujer no podía soportar una competencia olímpica e intentaron cancelar que participaran. En estos Juegos, las mujeres no sólo compitieron para obtener medallas; sino que además querían demostrar que podían participar en las Olimpiadas y sus buenas actuaciones ayudaron a eso. Bobbie ganó el oro en los relevos de 4x100 m y estableció un nuevo récord mundial junto a su equipo. También obtuvo la plata en la carrera de los 100 m. No obstante, los logros de Bobbie y de las otras atletas no convencieron a todos sobre el derecho de las mujeres a competir en pruebas de atletismo. Una mujer colapsó al final de la carrera de los 800 m (en la que Bobbie llegó en quinto lugar) y aunque los tres primeros lugares establecieron récords mundiales, el Comité Olímpico prohibió a las mujeres correr los 800 m los siguientes 32 años.

Bobbie siguió con su multifacética carrera deportiva, pero en 1929 comenzó a tener episodios dolorosos de artritis y tuvo que detenerse. Dos años más tarde, volvió a jugar softbol y hockey. En 1931 fue la mejor bateadora de su equipo de softbol y la "Jugadora más valiosa" del equipo de hockey. Cerca de 1933, la artritis reapareció y tuvo que retirarse del deporte definitivamente.

Bobbie se convirtió en una magnífica periodista deportiva del diario de Toronto, *The Globe & Mail*. Durante dos décadas escribió la columna "Sports Reel", donde fue una feroz defensora de las deportistas. Murió en 1969, cuando ya era una leyenda dentro y fuera de la cancha.

EN 1924 GANÓ EL CAMPEONATO FEMENIL DE TENIS SOBRE CÉSPED DE TORONTO.

LE DECÍAN "BOBBIE" POR SU CORTE DE PELO, CONOCIDO COMO BOB.

JUGÓ EN LA FINAL NACIONAL DE BÁSQUET 2 VECES, CON EL EQUIPO DE MUJERES JÓVENES DE LA ASOCIACIÓN HEBREA.

EL PREMIO BOBBIE ROSENFELD SE ENTREGA A LA MEJOR ATLETA CANADIENSE DEL AÑO.

MEDALLISTA DE ORO EN LAS OLIMPIADAS DE 1924.

HOMENAJEADA EN EL SALÓN INTERNACIONAL DE LA FAMA DE NATACIÓN.

PRIMERA MUJER EN CRUZAR A NADO EL CANAL DE LA MANCHA.

"CUANDO ALGUIEN ME DICE QUE NO PUEDO HACER ALGO, LO HAGO". GERTRUDE EDERLE.

GERTRUDE EDERLE

NADADORA DE LARGA DISTANCIA

Gertrude Caroline Ederle nadó hasta los corazones de los estadunidenses. Nació en 1905 en Nueva York, EUA. Comenzó a nadar muy joven y se convirtió en una de las nadadoras más destacadas de todos los tiempos. En las Olimpiadas de 1924, ganó la medalla de oro en los relevos de 4x100 m y 2 medallas de bronce en los 100 y 400 m libres. A Gertrude le gustaba competir, pero su verdadero interés era el nado de larga distancia: nadó desde los muelles del Bajo Manhattan hasta Sandy Hook, Nueva Jersey: 28 kilómetros en 7 horas, 11 minutos. ¡Un nuevo récord mundial!

Gertrude quería hacer lo imposible: ser la primera mujer en cruzar a nado el Canal de la Mancha. La prensa dio seguimiento a su entrenamiento y se burló de la idea. El diario *The London Daily News* escribió: "Las mujeres deben admitir que, en una competencia de habilidades físicas, velocidad y resistencia, serán por siempre el sexo débil". Sólo 5 hombres en toda la historia habían conseguido cruzar con éxito el canal de 36 km. Gertrude quería superar el mejor tiempo obtenido hasta ese momento por Enrique Tirabocchi: 16 horas, 33 minutos.

Su primer intento en 1925 fue un desastre. Tras casi 9 horas en el agua, se mareó y tuvo que subir al bote que la acompañaba. Pero aún quería demostrarse a sí misma y al mundo que era capaz de hacerlo, así que luego de otro intenso año de entrenamiento, Gertrude volvió a intentarlo.

Ese día el agua estaba tan agitada y era tan peligrosa que los botes tenían problemas para mantenerse en el canal. Gertrude se desvió muchas veces debido a la turbulencia del agua y no pudo usar las corrientes a su favor. Entonces decidió que nadaría o se ahogaría, pero que no se daría por vencida. Perseveró y llegó al otro lado del canal en 14 horas, 31 minutos: ¡un nuevo récord mundial, derrotó al anterior por 2 horas! Su récord se mantuvo invicto 24 años.

Gertrude se convirtió en una sensación de inmediato y, cuando regresó a casa, la recibió uno de los desfiles más grandes jamás vistos en Nueva York. Demostró que las mujeres podían triunfar bajo las condiciones más adversas y, debido a su éxito, la natación se convirtió en uno de los deportes más populares entre las mujeres en los años 20 y 30. Vivió hasta los 98 y murió en 2003.

DURANTE UNA CARRERA DE 500 M EN 1922, ESTABLECIÓ 7 RÉCORDS MUNDIALES.

SE CUBRIÓ DE ACEITE DE OLIVA, LANOLINA Y MANTECA PARA MANTENER EL CALOR MIENTRAS CRUZABA EL CANAL.

QUEDÓ PARCIALMENTE SORDA POR EL TIEMPO QUE PASÓ EN EL CANAL DE LA MANCHA.

CONOCIDA COMO "LA REINA DE LAS OLAS" Y "LA NOVIA DE AMÉRICA".

LA MENCIONABAN EN PELÍCULAS Y ACTOS DE VODEVIL.

ESTABLECIÓ MÁS DE 29 RÉCORDS NACIONALES E INTERNACIONALES.

DURANTE SU RETIRO, LE ENSEÑÓ A NADAR A NIÑOS SORDOS.

ESTÁ EN EL SALÓN INTERNACIONAL DE LA FAMA DE NATACIÓN.

APARECIÓ EN MUCHAS DE LAS PRIMERAS PELÍCULAS SOBRE NATACIÓN.

SE CONVIRTIÓ EN LA MEDALLISTA DE ORO MÁS JOVEN DE LA HISTORIA AL GANAR A LOS 14 AÑOS.

"DIRÍA QUE LA EXPERIENCIA MÁS INOLVIDABLE FUE SER EL MIEMBRO MÁS JOVEN DEL PRIMER EQUIPO OLÍMPICO DE NATACIÓN Y CLAVADOS EN 1920". AILEEN RIGGIN.

AILEEN RIGGIN

CLAVADISTA Y NADADORA

SU PADRE ESTABA EN LA MARINA Y ELLA APRENDIÓ A NADAR EN FILIPINAS A LOS 6 AÑOS.

Aileen Riggin, después conocida por su nombre de casada como Aileen Soule, nació en 1906. Alrededor de los 11 años, cuando se recuperaba de influenza, su doctor le recomendó nadar para recobrar la fuerza. A partir de entonces, los clavados fueron su actividad favorita. En 1919 muchos temían que los clavados fueran muy peligrosos para mujeres y niñas; debido a esta creencia, la mayoría de las albercas techadas le prohibieron a Aileen practicar, así que tuvo que ponerse creativa: entrenó para las eliminatorias del equipo olímpico estadunidense en una poza de marea que usaban las clavadistas; tenía que cronometrar los clavados de acuerdo con la marea y la altura de la misma. Cuando las condiciones eran perfectas, el trampolín estaba a 3 m del agua, como en una piscina.

SU NÚMERO ACROBÁTICO DE 1926 INCLUÍA SALTAR DENTRO DE UN TANQUE DE VIDRIO DE 2 M DE PROFUNDIDAD.

A pesar de que era alarmante que una niña hiciera clavados, a los 14 años, Aileen calificó para ser parte de los equipos olímpicos estadunidenses de clavados y nado en los Juegos de 1920. Al principio casi fue excluida de la competencia en clavados por su edad, pero como también calificó para la prueba de nado, sí le permitieron viajar al extranjero. En el viaje de 13 días hacia Amberes, Bélgica, practicó el nado en un pequeño tanque de lona lleno de agua de mar, en donde la detenían con un cinturón, pero durante el trayecto no pudo entrenar para la prueba de clavados. Las condiciones en las Olimpiadas no fueron mejores, ya que Amberes se recuperaba de la Primera Guerra Mundial. Las piscinas al aire libre estaban tan lodosas que Aileen temía quedarse atrapada en el fondo para siempre. ¡Superó sus miedos y ganó el oro en clavados!

APARECIÓ EN LA PRIMERA PELÍCULA SUBACUÁTICA EN 1922 Y EN LA PRIMERA PELÍCULA DE NATACIÓN EN CÁMARA LENTA EN 1923.

APARECIÓ EN EL PRIMER ESPECTÁCULO DE DANZA Y NADO DE BILLY ROSE, EL AQUACADE.

En las Olimpiadas de París, en 1924, Aileen participó de nuevo en clavados y natación. Ganó la medalla de plata en el trampolín de 3 m y la medalla de bronce en los 100 m de dorso, convirtiéndose en la primera persona en ganar en ambas disciplinas el mismo año olímpico.

Aileen apareció en películas, compitió en todo el mundo, se volvió columnista deportiva y nunca dejó de nadar. A los 85 años, rompió 6 récords mundiales en su grupo de edad en el Campeonato Mundial de Natación Máster y siguió nadando hasta bien entrados los 90 años. Al morir, a los 96, era la medallista viva más longeva del mundo.

ENTRÓ AL SALÓN INTERNACIONAL DE LA FAMA DE NATACIÓN EN 1967.

EN LAS OLIMPIADAS DE 1920 SE CONVIRTIÓ EN LA MUJER MÁS JOVEN EN GANAR EL ORO.

GANÓ UN TOTAL DE 82 TORNEOS PROFESIONALES Y AMATEURS.

MIEMBRO FUNDADOR DE LA ASOCIACIÓN DE GOLF FEMENIL PROFESIONAL.

GANÓ 2 MEDALLAS DE ORO Y 1 DE PLATA EN ATLETISMO EN LAS OLIMPIADAS DE 1932.

"MI OBJETIVO ERA SER LA MEJOR ATLETA DE LA HISTORIA Y SUPONGO QUE NACÍ CON LA NECESIDAD DE HACER DEPORTE". "BABE" DIDRIKSON ZAHARIAS.

BABE DIDRIKSON ZAHARIAS

GOLFISTA, ATLETA Y JUGADORA DE BASQUETBOL

Mildred Ella Didrikson "Babe" Zaharias compitió en atletismo individualmente y en equipo; fue estrella de basquetbol y leyenda del golf. Era malhablada y presumía sus victorias. Escribió que sería "¡no sólo la mejor atleta entre las mujeres, sino la mejor del mundo!".

Nació en 1911 y creció en Texas, EUA, en una familia de 7 hijos. En la preparatoria, era la más sobresaliente en todos los deportes: beisbol, volibol, natación, tenis y básquet. Luego la Compañía Aseguradora de Accidentes Laborales la contrató como secretaria para que jugara en su equipo femenil de basquetbol amateur: Los Golden Cyclones, uno de los mejores de la liga. Ahí se convirtió en estrella.

SU PADRE CONSTRUYÓ UN GIMNASIO EN EL JARDÍN DE SU CASA PARA QUE BABE Y SUS HERMANOS ENTRENARAN.

Como estrategia de publicidad, la empresa la inscribió como atleta individual en las eliminatorias del Campeonato Olímpico de la Sociedad de Atletismo Amateur. La mayoría de los equipos tenían distintos atletas en cada disciplina, pero Babe arrasó en todas sola, ganó el primer lugar en 5 pruebas y empató en salto de altura. Aunque las mujeres calificaban en varias eliminatorias, sólo podían competir en 3 disciplinas olímpicas. Babe ganó el oro y fijó un récord mundial en jabalina y en los 80 m con obstáculos; además empató en primer lugar en salto de altura, pero por su técnica (saltaba con la cabeza al frente), recibió la medalla de plata en vez de compartir el oro.

ODIABA QUE LOS DIARIOS LA LLAMARAN "LA MUJER MUSCULOSA".

La prensa adoraba a Babe y ganó tanto dinero que mantuvo a su familia durante la Gran Depresión. En esa época decidió incursionar en el golf. Determinada a ser campeona, practicaba hasta que le sangraban los dedos, golpeaba hasta 1000 bolas al día. En el circuito de golf femenil amateur arrasó con la competencia y resultó invicta 14 torneos en 1946 y 1947. La agencia de noticias *Associated Press* la nombró "Atleta femenil del año" 6 veces. Fue la primera mujer en clasificar y terminar el circuito de 36 hoyos en la prueba varonil de la Asociación de Golf Profesional en 1945. Ella rompió las barreras de género y fue cofundadora de la Asociación de Golf Femenil Profesional.

CONOCIÓ A SU MARIDO, EL LUCHADOR PROFESIONAL GEORGE ZAHARIAS, CUANDO AMBOS PROMOCIONARON EL ABIERTO DE GOLF DE LOS ÁNGELES EN 1938.

En 1953 a Babe le diagnosticaron cáncer, pero siguió jugando y ganando torneos de golf mientras luchaba contra la enfermedad. Murió a los 45 años y hoy es reverenciada como una de las mejores atletas de la historia.

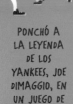

PONCHÓ A LA LEYENDA DE LOS YANKEES, JOE DIMAGGIO, EN UN JUEGO DE EXHIBICIÓN.

¡CORRO PARA LLEGAR A LA OTRA COMPETENCIA!

EN LAS ELIMINATORIAS OLÍMPICAS TENÍA SÓLO UNOS MINUTOS PARA IR DE UNA PRUEBA A OTRA.

EL MUSEO BABE DIDRIKSON ZAHARIAS ESTÁ EN SU PUEBLO NATAL, BEAUMONT, TEXAS.

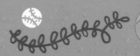

PRIMERA MUJER EN SER CLASIFICADA COMO 10° DAN EN JUDO.

PIONERA DEL JUDO FEMENIL,
ENSEÑÓ JUDO POR TODO EL MUNDO.

FUNDÓ EL CLUB DE JUDO SOKO JOSHI,
EL PRIMERO PARA MUJERES.

"MÁS IMPORTANTE [QUE LA TÉCNICA] ES SER BUENA PERSONA...
NO LO OLVIDEN, ÉSE ES EL BUEN JUDO". KEIKO FUKUDA.

KEIKO FUKUDA

JUDOCA

Keiko nació en Japón en 1913 y era nieta del samurái y maestro de jiu-jitsu, Hachinosuke Fukuda. Jigoro Kano, un alumno de su abuelo, desarrolló un arte marcial innovador llamado judo e invitó a Keiko a participar en la clase para mujeres en el Instituto Kodokan de Judo. Se trataba de una clase progresista, porque en la década de los años 30 resultaba alarmante que una mujer hiciera movimientos agresivos o que la vieran abriendo las piernas, ambas cosas necesarias en las artes marciales. Keiko aprendió no sólo a inmovilizar y aplicar llaves a sus oponentes, sino también la filosofía de centrar mente, cuerpo y espíritu.

Keiko tomó su primera clase de judo a los 21 años y le apasionó. Cuando le planearon un matrimonio arreglado, tuvo que elegir entre las artes marciales y casarse; entonces canceló la boda y dedicó su vida a ser experta en judo y en Ju-no-kata, una técnica más sutil. En 1953 fue una de las pocas mujeres en alcanzar el 5º dan (cinta negra de 5º). Más adelante, en ese mismo año, comenzó a viajar a California para enseñar judo durante un largo tiempo. En 1966 dejó Japón definitivamente y se mudó al Área de la Bahía de San Francisco, ahí enseñó judo en el Mills College, y después abrió su propio dojo (sala de práctica). Keiko impulsó a otras mujeres a mejorar su salud y su destreza física, e incluso a las niñas más pequeñas les enseñó a lanzar a sus oponentes por el hombro.

Durante décadas, el Instituto Kodokan de Judo no permitió que las mujeres pasaran del 5º dan, por eso Keiko, permaneció 20 años como judoca 5º a pesar de sus innegables habilidades. Con la ayuda de su amiga Shelley Fernandez, estudiante de judo y presidenta de la Organización Nacional Femenil en San Francisco, Keiko solicitó al Kodokan dejar atrás las prácticas sexistas; así, a principios de los años 60, se convirtió en la primera mujer en alcanzar el 6º dan.

¡SÉ FUERTE, SÉ GENTIL, SÉ HERMOSA!

Keiko fue una de las responsables de popularizar este deporte y muchos alumnos aprendieron judo junto a ella a lo largo de varias décadas. En 2006 recibió el 9º dan por parte del Kodokan. A la edad de 98 años, en 2011, se volvió la mujer de nivel más alto de judo en la historia, cuando Judo EUA la honró con el grado más alto: 10º dan. Siguió enseñando este deporte hasta su muerte a la edad de 99 años.

EN 1974 ABRIÓ EL PRIMER CAMPAMENTO DE JUDO SÓLO PARA MUJERES.

ESCRIBIÓ DOS LIBROS SOBRE JUDO: BORN FOR THE MAT (1973) Y JU-NO-KATA (2004).

OBTUVO UNA LICENCIATURA EN LITERATURA JAPONESA POR LA UNIVERSIDAD FEMENINA DE SHOWA.

DIO UNA DEMOSTRACIÓN DE KATAS EN LA CEREMONIA INAUGURAL DE LOS JUEGOS OLÍMPICOS DE TOKIO EN 1964.

JIGORO KANO ALENTÓ A SUS ALUMNOS A ENSEÑAR JUDO.

RECIBIÓ LA ORDEN DEL SAGRADO TESORO DEL GOBIERNO JAPONÉS.

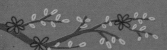

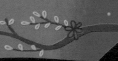

BOWL

UNA DE LAS MEJORES JUGADORAS DE BOLICHE DE TODOS LOS TIEMPOS.

GANÓ 8 ABIERTOS DE BOLICHE, UN RÉCORD QUE NADIE HA ROTO HASTA HOY.

GANÓ EL CAMPEONATO MUNDIAL 5 VECES.

"JUGUÉ BOLICHE UNA VEZ Y ESO FUE TODO: ME ENAMORÉ DE ESE DEPORTE. DISFRUTABA MUCHO EL JUEGO Y LOS RETOS QUE REPRESENTABA". MARION LADEWIG.

MARION LADEWIG

JUGADORA DE BOLICHE

En los años 50 y 60, el boliche estaba de moda; había muchos jugadores amateurs y profesionales, y los canales de televisión cubrían los torneos profesionales. En esos años, Marion Ladewig, la mejor jugadora de boliche de todos los tiempos, fue conocida como "La reina de los bolos".

Marion Margaret Van Oosten nació en Michigan, EUA, en 1914 y comenzó su carrera deportiva jugando softbol. A los 22 años fue paradora en corto de un equipo local y sus lanzamientos captaron la atención del dueño de un boliche, William T. Morrissey, Sr., quien le invitó un juego de bolos, ahí Marion descubrió que éste era el deporte para ella. En 1937 William se hizo su entrenador y ella empezó a practicar diariamente.

Gracias a su dedicación, su promedio de tiros aumentó a 182 puntos (la máxima puntuación es de 300 y se obtiene al derribar los 10 pinos en todas las rondas). Así que pronto estuvo lista para el torneo Clásico Pino de Oro de Michigan, en el que ganó en la categoría individual femenil. Después siguió acumulando victorias y trofeos.

En 1949 tuvo una racha de triunfos que la transformó en una leyenda. Participó en el Juego de Estrellas Nacionales y consiguió el primer lugar 5 años seguidos, entre 1950 y 1954. En 1951, a punto de ganar su tercer título de "Estrella nacional", tiró un promedio de 247.6 puntos el primer día: un marcador más alto que el de cualquier otro atleta. Ganó el título de "Estrella nacional" 8 veces, mientras las cámaras grababan y se volvió una celebridad de televisión.

Marion también compitió en torneos internacionales. En 1950, en el Campeonato del Congreso Internacional de Bolos Femenil, ganó la categoría global, que suma los puntos obtenidos en todo el torneo, incluidos los de la categoría individual, doble y en equipos. Ese año con su equipo ganó el Campeonato Internacional de Bolos Femenil. En 1955 volvió a ganar el global y obtuvo el título en la categoría de dobles.

Paralelamente, Marion ayudó a fundar la Asociación de Bolos Femenil, la primera organización de su tipo. En 1965 se retiró del deporte profesional, pero siguió participando en juegos de exhibición y operando su propio boliche en su ciudad natal. Murió a los 95 años y es recordada como una de las mejores jugadoras de boliche de todos los tiempos.

¡ADORO MI CIUDAD!

VIVIÓ EN GRAND RAPIDS, MICHIGAN, TODA LA VIDA.

¿QUÉ DEBO DECIR?

PARTICIPÓ EN UN EPISODIO DEL PROGRAMA ¿QUÉ DEBO DECIR? EN 1964.

NOMBRADA 9 VECES "JUGADORA DEL AÑO".

TRABAJÓ EN BRUNSWICK BOWLING 30 AÑOS, ENSEÑANDO BOLICHE POR TODO EL MUNDO.

HIZO UNA DEMOSTRACIÓN DE BOLOS EN LAS OLIMPIADAS DE SEÚL EN 1988.

SALÓN DE LA FAMA

ENTRÓ AL SALÓN DE LA FAMA DEL DEPORTE EN MICHIGAN EN 1959.

BOLICHE — BOLICHE

PRIMERA MUJER EN JUGAR BEISBOL EN LAS GRANDES LIGAS VARONILES.

ESTÁ EN EL SALÓN INTERNACIONAL DE LA FAMA DEL DEPORTE FEMENIL.

JUGÓ CON LOS CLOWNS DE INDIANÁPOLIS Y CON LOS MONARCHS DE KANSAS CITY.

"LAS MUJERES TAMBIÉN TIENEN SUEÑOS. CUANDO TERMINAN LA PREPA, A LOS CHICOS LES DICEN QUE SALGAN A CONOCER EL MUNDO. ¿Y A LAS CHICAS? QUE VAYAN A LA CASA DE JUNTO Y SE CASEN CON EL CHICO QUE SU FAMILIA ELIGIÓ PARA ELLAS. ESO NO ESTÁ BIEN". TONI STONE.

TONI STONE

BEISBOLISTA

LE PIDIERON QUE JUGARA CON FALDA Y SE NEGÓ.

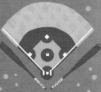

ENTRÓ AL SALÓN DE LA FAMA FEMENIL DEL DEPORTE EN 1993.

TRAS SU RETIRO, FUE ENFERMERA, PERO JUGABA BEISBOL POR DIVERSIÓN.

POR SU TALENTO, CUANDO ERA NIÑA, EL ENTRENADOR DE ST. LOUIS LA INCLUYÓ EN EL CAMPAMENTO DE BEISBOL VARONIL DEL EQUIPO.

¡GUAU!

ÚNICA JUGADORA DE LOS CLOWNS QUE LE HIZO UN HIT AL FAMOSO PITCHER SATCHEL PAIGE EN UN JUEGO DE EXHIBICIÓN.

Marcenia "Toni" Lyle Stone nació en Minnesota, EUA, en 1921 y creció amando el deporte. Desde los 10 años jugó beisbol y con frecuencia era la única niña en el campo. El beisbol profesional femenil comenzó en 1943 con la Liga Americana de Beisbol Femenil, pero a Toni y a otras mujeres negras no les permitieron sumarse. La segregación continuaba en Estados Unidos e incluía a los equipos deportivos. Por eso, el beisbol profesional varonil tenía una Liga Blanca y una Negra, hasta que, en 1947, Jackie Robinson fue el primer hombre negro que jugó en un equipo de la Liga Mayor de Beisbol (MLB, por sus siglas en inglés). Toni era una mujer negra con aptitudes increíbles; pero sin un lugar para jugar beisbol profesional, cumplir su sueño requería gran fuerza y determinación.

A los 15 años, fue parte de un equipo semiprofesional e itinerante, Colored Giants de Twin Cities. En 1946 se reunió con su hermana en San Francisco, ahí jugó beisbol amateur con el nombre de Toni. Luego perteneció a dos equipos de exhibición semiprofesional, los Sea Lions de San Francisco y Black Pelicans de Nueva Orleans. En 1949 firmó con un equipo popular de ligas menores, los Creoles de Nueva Orleans y jugaba tan bien que salía en los diarios. En 1953 fue la primera mujer en jugar beisbol profesional en las grandes ligas cuando firmó con un equipo profesional de la Liga Negra, los Clowns de Indianápolis.

Una vez que el beisbol profesional se desegregó, los equipos de la MLB comenzaron a reclutar a los mejores jugadores negros y la venta de boletos de los partidos de la Liga Negra sufrió un revés. Aunque a Toni la contrataron para atraer aficionados a los juegos de los Clowns ella demostró su valor con su desempeño. Jugaba de segunda base y bateó un promedio de .243. Corría muy rápido: más de 90 m en 11 s.

Más tarde, jugó con los campeones de la liga, los Monarchs de Kansas City, y aunque Toni jugaba a nivel profesional, luchó contra el sexismo toda su carrera. Muchas veces la dejaban en la banca y sus compañeros le decían cosas como: "Vete a casa y hazle galletas a tu marido". Se retiró del beisbol profesional en 1954 y después apareció en exhibiciones del Salón de la Fama hasta 1990. Murió en 1996 y siempre será recordada por romper las barreras de género en el beisbol.

PRIMERA AFROAMERICANA EN GANAR UN TÍTULO DE GRAND SLAM.

PRIMERA AFROAMERICANA EN JUGAR EN UNA COMPETENCIA NACIONAL DE TENIS EN EUA.

ESTÁ EN EL SALÓN INTERNACIONAL DE LA FAMA DEL TENIS.

"EN EL MUNDO DEL DEPORTE TE ACEPTAN MÁS O MENOS POR LO QUE HACES Y NO POR LO QUE ERES". ALTHEA GIBSON.

ALTHEA GIBSON

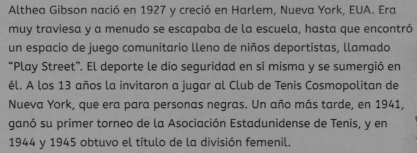

TENISTA

NOMBRADA "JUGADORA DEL AÑO" POR LA AGENCIA DE NOTICIAS ASSOCIATED PRESS EN 1957 Y 1958.

PRIMERA MUJER NEGRA EN SALIR EN LA PORTADA DE LAS REVISTAS: TIME Y SPORTS ILLUSTRATED.

EN 1957 LA REINA DE INGLATERRA LE OTORGÓ EL TROFEO DE WIMBLEDON.

Althea Gibson nació en 1927 y creció en Harlem, Nueva York, EUA. Era muy traviesa y a menudo se escapaba de la escuela, hasta que encontró un espacio de juego comunitario lleno de niños deportistas, llamado "Play Street". El deporte le dio seguridad en sí misma y se sumergió en él. A los 13 años la invitaron a jugar al Club de Tenis Cosmopolitan de Nueva York, que era para personas negras. Un año más tarde, en 1941, ganó su primer torneo de la Asociación Estadunidense de Tenis, y en 1944 y 1945 obtuvo el título de la división femenil.

Dos activistas por los derechos civiles, Robert W. Johnson y Hubert A. Eaton Jr., la invitaron a vivir con sus familias, patrocinaron su carrera de tenis y sus estudios porque detectaron que el talento de Althea podía utilizarse para superar la barrera racial en el deporte, como lo hizo el beisbolista Jackie Robinson.

Althea quería jugar en torneos de la Asociación Estadunidense de Tenis sobre Césped, pero eran sólo para personas blancas. Entonces, Alice Marble, campeona mundial de tenis, publicó un artículo muy duro, en la revista *American Lawn Tennis,* sobre el racismo en este deporte. En 1950 por fin permitieron que Althea compitiera en el prestigioso Campeonato Nacional en Forest Hill, y fue la primera persona negra en jugar en esas canchas. Aunque no ganó, obtuvo la atención internacional.

En 1951 jugó en Wimbledon y fue la primera persona negra en cruzar la barrera racial en el tenis internacional. En el Abierto de Francia de 1956, fue la primera jugadora negra en ganar un título de Grand Slam, ahí conoció a su compañera de dobles y amiga de por vida, Angela Buxton. Juntas ganaron muchos torneos, incluyendo los dobles de Wimbledon y los del Abierto de Francia. En 1957 y 1958 Althea fue campeona en Wimbledon y en los nacionales estadunidenses, con esto demostró su fuerza en el mundo del tenis. Ganó 11 títulos en 3 años, luego de jugar diferentes torneos nacionales e internacionales.

Hasta 1958, cuando terminó su carrera profesional de tenista, no había ganado mucho dinero con sus premios, sin embargo, Althea pasó el resto de su vida dando conferencias, enseñando, entrenando y ayudando a la comunidad. Esta leyenda del tenis abrió el camino para que atletas negros de todo el mundo lograran sus sueños.

PRIMERA AFROAMERICANA EN JUGAR GOLF EN LA ASOCIACIÓN DE GOLF PROFESIONAL FEMENIL EN 1964.

COFUNDADORA DE ALTHEA GIBSON FOUNDATION QUE ENSEÑA GOLF Y TENIS, Y ENTREGA BECAS A NIÑOS DE BAJOS RECURSOS.

GANÓ TORNEOS EN MUCHOS LUGARES DEL MUNDO: ASIA, AUSTRALIA, ITALIA, GALES Y TAMBIÉN LOS JUEGOS PANAMERICANOS.

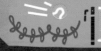

PRIMERA "CHICA MALA" DEL ROLLER DERBY.

PIONERA DE LA APARIENCIA
Y LA ACTITUD DEL ROLLER DERBY.

ENTRÓ AL SALÓN DE LA FAMA DEL ROLLER DERBY.

"LO QUE HACEN LOS CHICOS DE HOY CON EL PUNK ROCK,
YO LO HICE HACE 30 AÑOS". ANN CALVELLO.

ANN CALVELLO

PATINADORA DE ROLLER DERBY

Ann Calvello, "la chica mala del *roller derby*", tuvo diferentes apodos a lo largo de su vida, le decían "Nariz de plátano", "La mala de los patines", "La leona", entre otros, pues no le interesaba verse como las demás chicas rubias y bronceadas en patines. Mucho antes de que se pusiera de moda el punk rock, Ann creó su estilo de ropa, cabello y maquillaje colorido. Ella sabía cómo intimidar y era toda teatro y agresión en la pista, actuaba de villana para animar a las multitudes y aumentar la venta de boletos.

Ann Theresa Calvello nació en Rhode Island, EUA, en 1929. Su familia se mudó a San Francisco en 1941 y ella patinaba todo el tiempo por las calles de la ciudad. El *roller derby* surgió a partir de la Gran Depresión, cuando las actividades de resistencia como los maratones de baile y de ciclismo se volvieron formas populares de entretenimiento. En 1935 se organizó el primer maratón de *roller derby*, con 25 equipos de hombres y mujeres patinando en una pista: el primer equipo en alcanzar los 4800 km ganaba. Luego este juego evolucionó en un deporte de contacto en el que dos equipos sumaban puntos rebasando a los contrincantes, lo cual fomentaba los empujones y jaloneos. Sin embargo, Ann ayudó a darle a este juego la forma que conocemos hoy: una competencia de velocidad con aires y actitudes parecidas a las de la lucha libre profesional.

A los 18 años, Ann fue a ver un juego de *roller derby* y muy pronto se unió a un equipo itinerante femenil que viajaba por Europa. En los años 50 y 60 jugó con muchos equipos, incluidos los Bay Bombers de San Francisco y los Jolters de Jersey. Ann se acercaba con sigilo a las patinadoras, les gritaba y peleaba con ellas, interpretando el papel de peleonera y emocionando al público. El juego era un deporte de contacto intenso y Ann era una competidora feroz que aguantó costillas y huesos rotos por las caídas bruscas y las jugadas fuertes.

Ann patinó en todas las eras del *roller derby*, desde los años 40 hasta los 2000. Durante su carrera como patinadora, luchó contra el cáncer y, a la edad de 71, seguía compitiendo. Tristemente, el cáncer acabó con su vida a los 76 años. Ann será recordada siempre como "La reina del *roller derby*".

CONOCIDA COMO "NARIZ DE PLÁTANO" PORQUE SE ROMPIÓ LA NARIZ 12 VECES EN LA PISTA.

EL 15 DE ABRIL DE 1972 SE DESIGNÓ COMO EL DÍA DE ANN CALVELLO EN INDIANÁPOLIS.

EL DOCUMENTAL SOBRE SU VIDA SE LLAMA DEMON OF THE DERBY (2001).

SU SIGNO DEL ZODIACO ERA LEO; COMO "LA LEONA" USABA ANILLOS CON FORMA DE LEÓN Y TENÍA 8 TATUAJES DE ESTE ANIMAL.

INTERPRETABA A LA VILLANA CONTRA LA BUENA, JOANIE WESTON, CONOCIDA COMO LA "BOMBARDERA RUBIA".

UNA CITA FAMOSA: "JOE NAMATH ES EL ANN CALVELLO DEL FUTBOL AMERICANO".

PRIMERA MUJER EN RODAR 40 KM EN MENOS DE 1 HORA, EN 1963.

MANTIENE EL RÉCORD MUNDIAL FEMENIL CON 446 KM EN 12 HORAS.

MEJOR CICLISTA INGLESA DURANTE 25 AÑOS CONSECUTIVOS.

"[BERYL] TENÍA IDEAS PROPIAS SOBRE LO QUE HARÍA, Y LO HIZO. NADA SE INTERPUSO EN SU CAMINO". DENISE BURTON-COLE, CAMPEONA CICLISTA E HIJA DE BERYL BURTON.

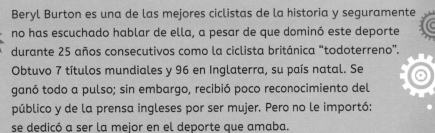

BERYL BURTON

CICLISTA

¡ES UN GRAN ENTRENAMIENTO!

Beryl Burton es una de las mejores ciclistas de la historia y seguramente no has escuchado hablar de ella, a pesar de que dominó este deporte durante 25 años consecutivos como la ciclista británica "todoterreno". Obtuvo 7 títulos mundiales y 96 en Inglaterra, su país natal. Se ganó todo a pulso; sin embargo, recibió poco reconocimiento del público y de la prensa ingleses por ser mujer. Pero no le importó: se dedicó a ser la mejor en el deporte que amaba.

Beryl Charnock nació en West Yorkshire, Inglaterra en 1937. En la adolescencia trabajó en una sastrería, ahí conoció a Charlie Burton, con quien se casó a los 17 años. Él la introdujo en el ciclismo, la apoyó en su carrera como ciclista y fue su mecánico mientras también cuidaba a su hija.

Beryl comenzó compitiendo en el Best All-Rounder británico, en eliminatorias cronometradas, en las que los ciclistas tenían cierto tiempo para pedalear tan rápido como pudieran. En 1959 ella ganó por primera vez una de estas eliminatorias y ganó todas las siguientes hasta 1983, así se volvió la mujer en bici más rápida de Reino Unido.

En 1967 Beryl logró lo impensable: rompió el récord de velocidad varonil. En una eliminatoria de 12 horas, pedaleó hasta alcanzar a Mike McNamara, quien estaba a punto de romper el récord mundial. Pero ella fue más rápida, cuando lo estaba rebasando le ofreció un dulce y siguió pedaleando hasta lograr un nuevo récord mundial de 446 km. Su récord se mantuvo intacto, tanto en la rama femenil como en la varonil, durante dos años, y hoy sigue siendo un récord de distancia femenil.

En 1968 Beryl implantó un nuevo récord femenil: pedaleó 160 km en 3 h 55 min y 5 s. Continuó acumulando récords de velocidad en las categorías de 10, 25, 30 y 50 millas. También compitió a nivel internacional, llegó en primer lugar en el Campeonato Mundial de la UCI ROAD 2 veces y ganó el Campeonato Mundial de Ciclismo UCI Track, 5 ocasiones.

Beryl obtuvo su último título en 1986 y siguió entrenando y compitiendo toda su vida. Murió en su bicicleta en 1996, sufrió un infarto mientras pedaleaba por el vecindario, poco antes de su cumpleaños 59. Aunque no fue apreciada por la presa inglesa de su época, hoy se le recuerda como la mujer en dos ruedas más rápida del mundo.

SU HIJA DENISE, TAMBIÉN CICLISTA, DERROTÓ A BERYL EN UNA CARRERA NACIONAL.

GANÓ UN TOTAL DE 15 CAMPEONATOS MUNDIALES DE CICLISMO DE RUTA Y DE PISTA.

ESCRIBIÓ UNA AUTOBIOGRAFÍA: PERSONAL BEST.

GANÓ DINERO CULTIVANDO RUIBARBO PARA UNOS AMIGOS.

RECIBIÓ LA MEDALLA DE LA ORDEN DE LA EXCELENCIA DEL IMPERIO BRITÁNICO EN 1964 Y LA DE LA ORDEN DEL IMPERIO BRITÁNICO EN 1968.

LAS OLIMPIADAS NO INCLUYERON EL CICLISMO FEMENIL HASTA 1984.

PRIMERA MUJER ACEPTADA EN LA SOCIEDAD ESTADUNIDENSE DE POLO.

SE DISFRAZÓ DE HOMBRE 20 AÑOS PARA PODER JUGAR POLO.

SU HIJA SE CONVIRTIÓ EN UNA DE LAS PRINCIPALES JUGADORAS DE POLO DEL MUNDO.

"ENTRAR AL CAMPO DE JUEGO ENTRE 7 CABALLOS, QUE INTENTAN TIRARTE 400 KG DE CABALLO Y HOMBRE, Y SOSTENERTE FIRME ESOS 2 SEGUNDOS PARA HACER EL TIRO..., ¡ME ENCANTA ESTE JUEGO!". SUE SALLY HALE.

SUE SALLY HALE

JUGADORA DE POLO

Sue Sally Hale se preparaba para jugar polo disfrazándose: se vendaba el pecho, escondía su pelo y se ponía un bigote falso para convertirse en el misterioso señor A. Jones, que siempre desaparecía después de los juegos. La Asociación Estadunidense de Polo (USPA, por sus siglas en inglés) prohibía que las mujeres jugaran profesionalmente; pero, esto no detuvo a Sue Sally, aunque eso significara que tenía que disfrazarse.

Ella nació en 1937 y creció en Los Ángeles, EUA, y siempre amó los caballos y el polo. De niña, montaba su poni cerca del club de polo Will Rogers, y el fundador del club, Duke Coulter, la convirtió en su protegida.

Sue Sally jugaba polo con los mejores y sus compañeros de equipo disfrutaban tenerla en el campo de juego; pero como la USPA no permitía mujeres, su padrastro, quien era doble de acción en Hollywood, la ayudó a crear el disfraz perfecto. Durante 20 años, entre 1950 y 1972, jugó vestida de hombre. Sus compañeros guardaron el secreto porque era una jugadora muy valiosa. Ya sin el disfraz, asistía a las fiestas después de los partidos y con frecuencia escuchaba a los rivales comentando lo bien que había jugado el tal A. Jones.

En 1957 tomó clases de equitación y se afilió al club de polo de Carmel Valley. Años más tarde, su mentor la invitó a jugar polo en el club en el que ella había aprendido; pero los jugadores contrarios se rehusaron a jugar con una mujer y la obligaron a irse. Estaba furiosa y comenzó a rebelarse contra esa práctica.

Sue Sally organizó juegos no oficiales en su club y fue reconocida en la comunidad del polo. Sus nuevos amigos la ayudaron a presionar a la USPA; cuando notó que esto no estaba funcionando, ella amenazó a la Asociación: si las mujeres no podían participar en los torneos, haría público el hecho de haberlos engañado a todos durante décadas disfrazada de A. Jones. ¡Y con eso logró su objetivo! En 1972, ella y otras jugadoras recibieron sus credenciales como miembros del club. Gracias a sus acciones, el polo se volvió un deporte mixto.

Sue Sally fue una de las personas más influyentes en el polo, al entrenar a muchas futuras leyendas del deporte. Siguió jugando en la categoría sénior y murió en su rancho en 2003.

UNA DE LAS 20 LEYENDAS DE ESE DEPORTE SEGÚN LA REVISTA POLO.

SIGUIÓ JUGANDO DURANTE SUS 5 EMBARAZOS.

20 AÑOS SOLICITÓ SU MEMBRESÍA A LA USPA.

OBTUVO EL RANGO DE HÁNDICAP DE 2 GOLES.

TERMINÓ UN JUEGO CON LA PIERNA ROTA.

"MUCHOS CHICOS MEJORES QUE USTEDES LO HAN INTENTADO".

¡CHICAS NO!

RESPONDIÓ A LOS HOMBRES QUE LA AMENAZARON CON TIRARLA, Y ASÍ LOGRÓ DESCONCENTRARLOS.

PRIMERA MUJER EN ESCALAR EL MONTE EVEREST EN 1975.

CREÓ EL PRIMER CLUB DE MONTAÑISMO FEMENIL DE JAPÓN EN 1969.

PRIMERA MUJER EN COMPLETAR LAS SIETE CUMBRES.

"MIENTRAS MI CUERPO SEA CAPAZ, SEGUIRÉ HACIENDO LO QUE AMO". JUNKO TABEI.

JUNKO TABEI

MONTAÑISTA

Durante 1960 y 1970 en Japón, las oportunidades para las mujeres fuera de casa eran limitadas. Incluso las universitarias tenían pocas opciones más allá de ser secretarias. Sin embargo, Junko Tabei sabía que podía lograr cosas extraordinarias: alcanzar las cimas más altas del mundo y ser un ejemplo para las mujeres.

Junko nació en 1939 y comenzó a escalar a los 10 años. Le gustaba que ese deporte se trataba de llegar a la cima con tu equipo; no de velocidad ni competencia. Junko siguió escalando en la preparatoria y, después de cursar la universidad, se afilió a clubes de montañismo en los que predominaban los hombres. Algunos se rehusaron a escalar con ella; pero eso no le importó, estaba muy ocupada subiendo las cumbres más altas de Japón.

En 1969 Junko fundó el primer grupo de montañismo femenil japonés, el cual dirigió al subir la montaña Anapurna IIIun en 1970. Luego de esta victoria, puso la mirada en el Monte Everest. El club planeó el ascenso para 1975 y buscó patrocinadores. Para muchos de ellos era "imposible" que una mujer escalara el Everest. Algunos le dijeron que "debería estar criando a sus hijos", recordaba Junko. Pero al final, un periódico y la televisora Nihon las patrocinaron. Junko guio a 14 mujeres para escalar la montaña más alta.

El Monte Everest es una de las montañas más prestigiosas y peligrosas para escalar por su gran tamaño, el terreno abrupto y el terrible clima. Muchos lo han intentado y han regresado antes de llegar o, peor aún, han muerto en el intento. Justo 12 días antes de alcanzar la cima, una avalancha golpeó a Junko y a su equipo, ella quedó enterrada debajo de cuatro compañeros y para rescatarla un guía tuvo que excavar. Ella se llenó de heridas y moretones, pero por suerte, nadie murió. Por fin, el 16 de mayo de 1975, logró ser la primera mujer en llegar a la cima del Everest y se volvió un modelo para las mujeres.

En 1992 Junko alcanzó su mayor objetivo: conquistar las Siete Cumbres, las montañas más altas de cada continente. Después intentó ascender a la montaña más alta de cada país del mundo, escaló hasta una edad muy avanzada y tachó 70 países de su lista, antes de morir en 2016 a los 77 años. Junko demostró en innumerables ocasiones que las mujeres pueden lograr lo "imposible".

HIZO UNA CAMPAÑA PARA PROTEGER EL ECOSISTEMA DEL EVEREST DE LA BASURA DE LOS MONTAÑISTAS.

ESCALÓ UN COSTADO DEL EVEREST, AFILADO COMO UN CUCHILLO, A MÁS DE 6000 M DE ALTURA.

DESCRIBIÓ LA CIMA DEL EVEREST COMO "MÁS PEQUEÑA QUE UN TATAMI".

PERSONA NÚMERO 36 EN ALCANZAR LA CIMA DEL MONTE EVEREST.

EL REY DE NEPAL LA FELICITÓ TRAS ESCALAR EL EVEREST.

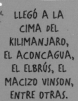

LLEGÓ A LA CIMA DEL KILIMANJARO, EL ACONCAGUA, EL ELBRÚS, EL MACIZO VINSON, ENTRE OTRAS.

ENTRÓ AL SALÓN DE LA FAMA OLÍMPICO.

USA

PRIMERA MUJER EN GANAR 3
MEDALLAS DE ORO EN ATLETISMO
EN EL MISMO AÑO OLÍMPICO.

PIONERA DE LOS DERECHOS CIVILES.

"MI LEGADO ES PARA LA JUVENTUD DE EUA, PARA QUE SEPAN QUE PUEDEN
SER LO QUE ELLOS QUIERAN". WILMA RUDOLPH.

WILMA RUDOLPH

ATLETA Y VELOCISTA

Wilma Glodean Rudolph nació en Tennessee, EUA, en 1940. Cuando tenía 4 años, contrajo polio, esta enfermedad le atrofió los músculos de la pierna izquierda y los doctores pronosticaron que no volvería a caminar. Su única esperanza era la terapia física, pero debido a la segregación, Wilma y su familia tenían prohibido acudir a los hospitales para blancos cercanos a su casa. Así que todas las semanas, ella y su mamá viajaban 80 km en autobús hasta Nashville para recibir el tratamiento necesario. A los 9 años, Wilma ya había superado los malos augurios: podía caminar e incluso era la estrella del equipo de básquet de su escuela. Su espíritu competitivo se alimentó, porque el racismo que sufría en el segregado sur de su país la enfurecía, entonces comenzó a luchar de una forma innovadora: ganando.

¡ATRÁS!

Cuando Wilma tenía 15 años, Ed Temple la reclutó para participar en un campamento de verano de atletismo. En 1956, a los 16 años, calificó a los Juegos Olímpicos y ayudó a su equipo a ganar el bronce en los relevos de 400 m. Después de cuatro años, Wilma estuvo lista para las Olimpiadas de 1960, pero un día antes del evento se torció un tobillo. A pesar del dolor y con el tobillo vendado, participó y ganó el oro en los 100 y 200 m planos, y en los relevos 4x400 m. Fue la primera mujer estadunidense en ganar 3 medallas de oro en atletismo en los mismos Juegos Olímpicos: ¡se había vuelto una sensación internacional!

Al finalizar los Juegos, Wilma realizó una gira mediática internacional y quisieron homenajearla con un desfile en su ciudad natal; pero había una condición: sólo se permitiría que asistiera gente blanca. Ella se rehusó a presentarse a menos de que no hubiera segregación. Gracias a ello, éste fue el primer evento integrado en Clarksville.

Durante el resto de su vida, Wilma siguió usando su fama como plataforma para defender los derechos civiles. Se retiró de la pista a los 22 años y se hizo Embajadora de Buena Voluntad de la ONU en África Occidental Francesa. Creó Wilma Rudolph Foundation, que ayuda a jóvenes atletas de comunidades vulnerables a alcanzar sus sueños. Wilma murió a los 54 años de cáncer, pero su dedicación al deporte y a la igualdad civil siguen vivos a través de su legado y su fundación.

LA LLAMABAN "EL MOSQUITO", PORQUE ZUMBABA EN LA CANCHA DE BASQUETBOL.

ESTÁ EN EL SALÓN NACIONAL DE LA FAMA DE ATLETISMO Y EN EL SALÓN INTERNACIONAL DE LA FAMA DE DEPORTES FEMENILES.

FUE MAESTRA Y ENTRENADORA DEPORTIVA TRAS SU RETIRO.

ASISTIÓ A LA UNIVERSIDAD ESTATAL DE TENNESSEE Y FUE PARTE DEL EQUIPO DE ATLETISMO, LAS TIGERBELLES.

CONOCIDA COMO "LA GACELA NEGRA" Y "LA PERLA NEGRA" EN LOS DIARIOS EUROPEOS.

CONOCIÓ A LA REINA ISABEL Y AL PRESIDENTE KENNEDY EN UNA GIRA DE PRENSA.

ANATOMÍA MUSCULAR

Para mantenerse fuerte y saludable, un atleta necesita entender cómo trabaja su cuerpo.
¡Nuestros músculos permiten que el cuerpo haga lo que debe hacer para ganar!

ESTERNOCLEIDOMASTOIDEO

DELTOIDES

FLEXOR

BÍCEPS

EXTENSOR

BRAQUIAL

PECTORALES

TRÍCEPS

SERRATO ANTERIOR

RECTO ABDOMINAL

OBLICUOS

GLÚTEO

TIBIAL ANTERIOR

VASTO LATERAL

ADUCTOR LARGO

CUÁDRICEPS

GASTROCNEMIUS (GEMELOS)

SÓLEO

VASTO MEDIAL

TRAPECIO

DELTOIDES

TRÍCEPS

ROMBOIDES

DORSAL ANCHO

ERECTOR DE LA COLUMNA

GRÁCIL

SEMIMEMBRANOSO

SEMITENDINOSO

BÍCEPS FEMORAL

GASTROCNEMIO

SÓLEO

OBLICUOS

GLÚTEO

FIBRA MUSCULAR

MIOFIBRILLA

NÚCLEO

MIOFILAMENTO

ENTRENÓ AL PRIMER EQUIPO INVICTO DE LA ASOCIACIÓN NACIONAL ATLÉTICA UNIVERSITARIA QUE GANÓ EL TORNEO NACIONAL.

UNA DE LAS ENTRENADORAS MÁS GANADORAS DEL BASQUETBOL COLEGIAL.

SEGUNDA MUJER Y PRIMERA ENTRENADORA EN EL SALÓN DE LA FAMA DE NAISMITH.

"LOS DEPORTES A VECES DAN LECCIONES MUY DURAS. TIENES QUE ESFORZARTE A DIARIO. SI NO LO HACES, EN OCASIONES LAS COSAS NO SALEN BIEN". JODY CONRADT.

JODY CONRADT

ENTRENADORA DE BASQUETBOL

Jody Conradt convirtió el basquetbol femenil en un deporte respetado y en la potencia que es hoy, entrenó a varios de los mejores equipos del basquetbol colegial femenil de la historia. Cuando muchos pensaban que los deportes escolares en los que participaban mujeres eran una broma, Jody demostró su importancia con victorias. Por eso, aunque al empezar como entrenadora no cobraba, cuando se retiró en 2007 ganaba más de 500 000 dólares al año.

Addie Jo Conradt se sentía orgullosa de su estado, nació en Texas, EUA, en 1941. Inició su carrera de basquetbol en la preparatoria y soñaba con ser estrella profesional. Siguió jugando mientras estudiaba la licenciatura de Educación Física en la Universidad Baylor; se graduó en 1963, dio clases y entrenó equipos escolares de básquet. Primero se concentró en el estilo lento de 6 jugadoras, típico del basquetbol femenil, en el que sólo 2 jugadoras podían correr por toda la cancha. Tras seis años, Jody se mudó al basquetbol universitario, y las mujeres empezaron a jugar como lo hacían los hombres: 5 contra 5, y con todas las jugadoras corriendo en la cancha. En 1973 se cambió de la Universidad Estatal Sam Houston a la Universidad de Texas, Arlington, y como el presupuesto del programa deportivo femenil era sólo de 1200 dólares, Jody entrenó a los equipos de básquet, voleibol y softbol: los tres ganaron todos los campeonatos estatales.

Jody estaba consolidando su nombre ella misma y la invitaron a entrenar a las Longhorns, un equipo de básquet femenil en la Universidad de Texas en Austin, con un salario de 19 000 dólares, lo cual sorprendió a los críticos y la convirtió en noticia. Bajo su tutela, las Longhorns fueron imparables en la Conferencia del Suroeste al ganar 183 juegos consecutivos de la liga y, en 1986, ganaron su primer Campeonato Nacional tras jugar invictas toda la temporada. Al año siguiente, Jody entrenó a la selección nacional y ganaron los Juegos Panamericanos. En 1997 fue la primera entrenadora de básquet en ganar 700 partidos.

Jody se retiró con 900 victorias, sólo debajo de su amiga y mentora Pat Summitt, la entrenadora con más juegos ganados en la historia del básquet femenil. Jody encabezó una generación de campeonas y cambió la forma en que los estadunidenses veían a las jugadoras.

EN 1984 Y 1986 LA ASOCIACIÓN DE ENTRENADORAS DE BASQUETBOL LA NOMBRÓ "ENTRENADORA DEL AÑO".

LA ASOCIACIÓN NACIONAL DE ADMINISTRADORAS DE ATLETISMO DE MUJERES UNIVERSITARIAS LE DIO EL PREMIO A LA TRAYECTORIA EN 2010.

¡HORA DE ESTUDIAR!

99% DE SUS JUGADORAS TERMINARON LA UNIVERSIDAD.

ENTRENÓ UNO DE LOS PRIMEROS EQUIPOS DE BÁSQUET FEMENIL RECONOCIDO POR LA ASOCIACIÓN NACIONAL ATLÉTICA UNIVERSITARIA.

FUE DIRECTORA ATLÉTICA FEMENIL DE LA UNIVERSIDAD DE TEXAS DESDE 1992.

FINAL FOUR

LLEGÓ A LOS *FINAL FOUR* (ÚLTIMOS CUATRO) 2 VECES.

RECIBIÓ LA MEDALLA PRESIDENCIAL DE LA LIBERTAD POR SU CARRERA Y SU TRABAJO A FAVOR DE LA IGUALDAD DE GÉNRO Y LOS DERECHOS DE LA COMUNIDAD LGBTT.

UNA DE LAS MEJORES TENISTAS DE TODOS LOS TIEMPOS.

PRIMERA MUJER EN SER NOMBRADA EN LA REVISTA SPORTS ILLUSTRATED "DEPORTISTA DEL AÑO"

"TODOS SOMOS INDIVIDUOS, SERES HUMANOS CON CORAZÓN QUE QUIEREN VIVIR UNA VIDA AUTÉNTICA". BILLIE JEAN KING

BILLIE JEAN KING

TENISTA

King nació en 1943 en California, EUA. A los 12 años se enamoró del tenis, pero no del elitismo que lo rodeaba, pues para jugar debías afiliarte a algún club costoso, en el que, por lo general, tenían actitudes sexistas hacia las mujeres y sólo aceptaban gente blanca. Afortunadamente, Billie Jean se convirtió en una de las mejores tenistas y usó su fama para cambiar el tenis para siempre. En 1961, a los 17 años, sorprendió a todos cuando ganó el torneo de dobles en Wimbledon y la prueba individual de ese mismo campeonato en 1966. De ahí en adelante, dominó las categorías dobles e individuales en torneos de todo el mundo.

En 1968 la Asociación Estadunidense de Tenis (USTA, por sus siglas en inglés) otorgó premios económicos en sus pruebas y los hombres recibían casi el doble de dinero que las mujeres. Cuando Billie Jean ganó el campeonato de Wimbledon recibió 750 euros; en cambio, el hombre que fue campeón obtuvo 2000 euros. Por eso, ella y otras atletas decidieron organizar un circuito femenil, que en 1917 garantizaba un premio de 10000 dólares por categoría: el Tour Virgina Slims. Cuando Billie Jean ganó este tour y el Abierto Estadunidense, fue la primera mujer en obtener 100000 dólares. en un año. Y en 1972 fue nombrada "Atleta del año" por la revista *Sports Illustrated*.

En esa época el feminismo estaba en auge y las mujeres exigían trato y salarios igualitarios. Así que en 1973 la USTA por fin decidió brindar premios iguales para mujeres y hombres. No obstante, aunque hubo avances, el escepticismo sobre el valor de las atletas se mantuvo. Uno de los oponentes más duros fue Bobby Riggs, ex campeón de tenis, quien retó a Billie Jean a "La batalla de los sexos". Al principio, ella se negó, pero cuando la ganadora del Grand Slam, Margaret Smith Court, perdió ante Riggs; Billie pensó que vencerlo ayudaría a que se reconociera el valor del tenis femenil. Lo derrotó con un marcador de 6-4, 6-3 y 6-3, y su victoria dio paso a la creación de la Asociación Femenil de Tenis.

A su retiro en 1983, Billie Jean había ganado 39 títulos de Grand Slam e incontables torneos. Luego fue entrenadora de varias de las mejores tenistas y hoy todavía lucha por la igualdad de las mujeres en el deporte y en el ámbito de la fuerza laboral.

EN 1981 FUE LA PRIMERA SÚPER ESTRELLA DEPORTIVA DECLARADA LESBIANA.

LA INICIATIVA DE LIDERAZGO BILLIE JEAN KING TRABAJA PORQUE HAYA MÁS DIVERSIDAD LABORAL Y LIDERAZGO PARA LAS MUJERES.

ENTRENÓ AL EQUIPO OLÍMPICO DE EUA EN 1996.

NOMBRADA UNA DE LOS "ESTADUNIDENSES MÁS IMPORTANTES DEL SIGLO XX" POR LA REVISTA *LIFE*.

CREÓ THE WOMAN SPORTS FOUNDATION EN 1974.

¡CERDO MACHISTA!

ANTES DE "LA BATALLA DE LOS SEXOS" LE REGALÓ UN CERDITO A BOBBY RIGGS.

PRIMERA MUJER EN ENTRAR AL SALÓN DE LA FAMA DEL SKATEBOARDING, EN 2010.

PRIMERA SKATER PROFESIONAL.

APARECIÓ EN LA PORTADA DE LA REVISTA LIFE.

"LLEVO 53 AÑOS PATINANDO Y HAY QUIEN PIENSA QUE ESTO ES NUEVO PARA LAS CHICAS. ¿QUIÉN IBA A PENSAR QUE ESTE DEPORTE CRECERÍA HASTA DONDE LO HA HECHO HOY?" PATTI MCGEE.

PATTI McGEE

SKATER

HIZO ACROBACIAS EN PELÍCULAS POPULARES DE PLAYA EN LOS AÑOS 60.

GANABA 250 DÓLARES DIARIOS CUANDO SE VOLVIÓ PROFESIONAL.

LA FRASE "SKATE BETTY" SE USA PARA DENOMINAR A LAS CHICAS SKATER.

La revista *Life* describió a la patineta como "el vehículo más emocionante y peligroso de diversión desde el auto motorizado". Por eso era tan impresionante ver a una rubia pequeñita parada de manos sobre una patineta en la portada de esta revista en mayo de 1965. Ésta fue una de las muchas apariciones públicas de Patti McGee a lo largo de su carrera, quien se convirtió en una de las *skaters* más influyentes de la historia.

Patti nació en 1945 y creció en Santa Mónica, California, EUA. Le encantaba el mar y surfear, pero ¿qué hace un surfista cuando la marea está baja? ¡Pues subirse a una patineta, claro! En 1962 Patti comenzó a patinar. Ella y sus amigos surfistas patinaban colina abajo y se colaban en los estacionamientos para ensayar acrobacias. Patti era una patinadora temeraria y se paraba de manos, hacía ochos, saltos y giros de 360 grados con su tabla. También le gustaba la velocidad y en 1965 se convirtió en la persona más rápida en patineta tras ser jalada por una motocicleta. Ese mismo año, fue la primera campeona femenil del *skateboarding* estadunidense.

Tras su victoria, las oportunidades llamaron a la puerta. A los 19 años era la primera *skater* profesional: patrocinada por Hobie Skateboards, viajó por todo el país demostrando sus habilidades y enseñando a otros a patinar, apareció en televisión y fue la primera mujer en estar en la portada de la revista *Skateboarder*. Todo esto ayudó a que este deporte fuera una sensación nacional y ella una de las patinadoras más reconocidas.

Cuando la popularidad del *skateboarding* disminuyó en los años 70, Patti cambió de ritmo: esquió en el norte de California, viajó a Nevada para trabajar en una mina de turquesas e incluso se dedicó a la peletería. Patti se estableció y abrió un comercio en Arizona, en donde crio a sus dos hijos.

Tras quince años, Patti hizo un giro de 180 grados y volvió al negocio de la patineta. Fundó First Betty, hoy conocida como Original Betty Skateboard Company, una empresa que fabrica patinetas y patrocina *skaters* mujeres. Patti, quien todavía puede ser vista en los parques locales, es reconocida como una de las pioneras en la historia del *skateboarding*.

SU HERMANO LE FABRICÓ SU PRIMERA PATINETA CON MADERA Y RUEDAS DE PATÍN.

APARECIÓ EN UN ANUNCIO DE LA COMPAÑÍA TELEFÓNICA BELL.

ES PARTE DE LAS LEYENDAS DEL SURF DE MALIBÚ DESDE 2004.

CAPITANA DEL EQUIPO DE REMO DE EUA EN LOS JUEGOS OLÍMPICOS DE 1976.

PRIMERA AFROAMERICANA EN REPRESENTAR A EUA ANTE EL COI.

PRESIDENTA DE THE AMATEUR ATHLETIC FUNDATION DE LOS ÁNGELES.

PRIMERA MUJER VICEPRESIDENTA DEL COI.

"EXISTE UN VALOR INTRÍNSECO EN EL DEPORTE, NO SÓLO POR EL TRABAJO EN EQUIPO. ES IMPORTANTE PARA NUESTRA NACIÓN. ENSEÑA MUCHO SOBRE NUESTRAS HABILIDADES PARA SER AGENTES DE ÉXITO". ANITA DEFRANTZ.

ANITA DEFRANTZ

REMERA Y ADMINISTRADORA ATLÉTICA

CAMPEONA NACIONAL DE REMO 6 VECES.

Anita DeFrantz, hija de activistas del movimiento por los derechos civiles, nació en Filadelfia, EUA, en 1952. Ella siempre sintió pasión por el deporte, pero le costó trabajo encontrar un equipo con el cual competir, pues vivía en una ciudad segregada y había pocas oportunidades para los niños negros. Además era niña y, antes de que se aprobara el Título IX de las Enmiendas de Educación, había nulas o pocas opciones para las niñas que querían hacer deporte.

Hasta que asistió a la Universidad de Connecticut pudo jugar en un verdadero equipo. Al principio jugó basquetbol, pero un entrenador se fijó en su complexión y sus habilidades naturales, y la reclutó para el equipo de remo. Anita se graduó con dos objetivos en mente: remar en los Juegos Olímpicos y convertirse en abogada. Sabía que podría cambiar el mundo de forma más efectiva con un título en Derecho; entonces, estudió esta carrera y siguió remando. Anita entró al equipo estadunidense de remo en 1976 y ese mismo año ganó una medalla de bronce en la modalidad de 8 con timonel en los Juegos Olímpicos de Montreal. Anita estaba decidida a ganar el oro en Moscú 1980, pero tenía la agenda llena: entrenaba, trabajaba como abogada y estaba en el Consejo asesor del Club Vesper Boat y en la Asociación Estadunidense de Remo.

Tras todo ese trabajo, la política impidió que Anita compitiera en las Olimpiadas. Cuando la Unión Soviética invadió Afganistán, Estados Unidos boicoteó los Juegos Olímpicos de Moscú. A Anita le pareció injusto, pues las Olimpiadas le pertenecen al mundo, no sólo a un país. Interpuso una demanda por el derecho de los atletas a participar y, aunque no la ganó, recibió la Medalla de Bronce de la Orden Olímpica de parte del Comité Olímpico Internacional (COI) por su liderazgo en la demanda.

Anita fue contratada por el Comité Olímpico Estadunidense para trabajar en los Juegos Olímpicos de 1984 y, en 1986, se convirtió en la primera afroamericana en representar a Estados Unidos en el COI; también fue la primera vicepresidenta del comité ejecutivo del COI en 1997. Anita todavía utiliza su influencia para crear oportunidades equitativas para las atletas de todo el mundo y entrega recursos y becas deportivas a niños en Estados Unidos.

FALTÓ A UN ENTRENAMIENTO PARA TESTIFICAR FRENTE AL CONGRESO ESTADUNIDENSE A FAVOR DE LA LEY DEL DEPORTE AMATEUR EN 1978.

SUS EJEMPLOS A SEGUIR FUERON SU ABUELA Y HARRIET TUBMAN.

PRIMERA AFROAMERICANA EN GANAR UNA MEDALLA OLÍMPICA DE REMO.

AYUDÓ A QUE EL FUTBOL Y SOFTBOL FEMENIL ENTRARAN A LAS OLIMPIADAS.

PRESIDENTA DE LA COMISIÓN DE LA MUJER EN DEPORTES DEL COI DE 1995 A 2014.

NOMBRADA 3 VECES ALL-AMERICAN EN VOLIBOL.

UNA DE LAS MEJORES JUGADORAS DE VOLIBOL DE LA HISTORIA DE EUA.

CAPITANA DEL EQUIPO EUA Y GANADORA DE PLATA EN LOS JUEGOS OLÍMPICOS DE 1984.

SE ENTREGA LA MEDALLA MEMORIAL FLO HYMAN A LOS ATLETAS QUE PERSONIFICAN "LA DIGNIDAD Y COMPROMISO CON LA EXCELENCIA".

"ES UN ASUNTO DE LOGROS, UN ASUNTO DE ÉXITO, DE HACER LAS COSAS BIEN. Y ASÍ SE ALCANZA LA SATISFACCIÓN PERSONAL". FLO HYMAN.

FLO HYMAN

JUGADORA DE VOLIBOL

¡VAMOS, MOCOSA!

En los años 70, el volibol femenil era visto como una actividad recreativa, no como un deporte serio. Además mientras el basquetbol se relacionaba con las personas negras, el volibol se creía propio de personas blancas, de modo que Flo Hyman —una mujer negra y alta— no encajaba en la imagen de jugadora de volibol. Sin embargo, sus habilidades cambiaron la idea de los estadunidenses sobre este deporte. Flo fue reconocida como una de las mejores jugadoras del mundo y alcanzó muchas victorias con el equipo estadunidense de volibol.

Flora Jean "Flo" Hyman nació en 1954 en California, EUA. Como le gustaba el espíritu de colaboración del volibol, se unió al equipo de su escuela. Era muy alta, a los 17 años medía 1.98, su fuerza y altura la hacían una poderosa sacadora y rematadora. Trabajó muy duro para perfeccionar su técnica, pero tenía más que sólo talento deportivo: tenía cualidades de líder y una gran actitud. Siempre anteponía el éxito del equipo al suyo. Cuando jugaba con el equipo de la Universidad de Houston, fue nombrada jugadora "All-American" en 3 ocasiones.

En 1975 Flo se unió a la selección estadunidense de volibol, la cual se preparó mucho para poder competir en las Olimpiadas, pero a pesar del entrenamiento intensivo, no clasificaron para los Juegos de 1976.

Flo fue esencial para motivar a sus compañeras a dar su mejor esfuerzo, y todo su trabajo rindió frutos: la selección calificó para las Olimpiadas de 1980. Debido a conflictos de la Guerra Fría, Estados Unidos boicoteó los Juegos y ningún equipo estadunidense pudo competir. Flo y sus compañeras siguieron preparándose para las Olimpiadas de 1984, donde finalmente ganaron la medalla de plata. A pesar de que la familia de Flo lloró porque no obtuvo el oro, para ella el hecho de competir por una medalla olímpica fue un sueño hecho realidad. Pensaba en lo lejos que llegaron y estaba muy orgullosa de su equipo.

En 1986 mientras jugaba volibol profesional en Japón, Flo murió repentinamente. La causa fue el síndrome de Marfan, un desorden genético que puede ocasionar súbitas fallas cardiacas. Desde entonces, el Premio Flo Hyman se ha entregado a 18 atletas sobresalientes en su memoria.

NOMBRADA "MEJOR ATACANTE" DE LA COPA MUNDIAL DE 1981.

COMPITIÓ EN LA COPA MUNDIAL, LOS JUEGOS PANAMERICANOS Y LOS JUEGOS MUNDIALES UNIVERSITARIOS.

TRAS LA MUERTE DE FLO, SU HERMANO SE HIZO PRUEBAS DEL SÍNDROME DE MARFAN Y SALVÓ SU VIDA.

SE CONSIDERABA "LA VIEJITA" DEL EQUIPO.

CONSIGUIÓ MÁS PRESUPUESTO PARA LOS DEPORTES FEMENILES EN ESTADOS UNIDOS.

ARIE SELINGER, ENTRENADOR DEL EQUIPO DE VOLIBOL DE EUA, LE ENSEÑÓ A NO TEMER "GOLPEAR EL SUELO".

PRIMERA PERSONA EN GANAR EL IDITAROD 3 AÑOS CONSECUTIVOS Y PRIMERA MUJER EN GANARLO 4 VECES.

MANTUVO EL RÉCORD DEL IDITAROD ENTRE 1986 Y 1992.

SU TÉCNICA DE CUIDAR A LOS PERROS DURANTE TODO EL AÑO SE CONVIRTIÓ EN UNA PRÁCTICA ESTANDERIZADA.

"HAY MUCHAS COSAS DIFÍCILES EN LA VIDA, PERO SÓLO HAY UNA COSA TRISTE, Y ÉSA ES RENDIRSE". SUSAN BUTCHER.

SUSAN BUTCHER

CONDUCTORA DE TRINEO JALADO POR PERROS

El Iditarod se considera la "última gran carrera de la Tierra". A lo largo de casi 1700 km, los conductores de trineos deben enfrentar temperaturas bajo cero, animales salvajes, ríos congelados y la naturaleza agreste de Alaska. El conductor debe tener fuerza para empujar el trineo y resistencia mental y física para soportar el largo recorrido. Susan Butcher quiso ser la mejor conductora de trineos jalados por perros de la historia.

Susan Howlet Butcher nació en 1954 y creció en Massachusetts, EUA. Cuando su madre le regaló un perro husky siberiano, Susan descubrió su vocación. Tras terminar la preparatoria, se mudó a Colorado y comenzó a entrenar perros para trineo; luego se mudó a Alaska y se preparó para el Iditarod. En busca de un equipo de perros, con un criador de perros, consiguió uno listo para competir a cambio de entrenar a los perros más jóvenes. En 1978 participó en la carrera y acabó en el lugar 19, pero fue la primera mujer en llegar dentro del tiempo reglamentario.

Aunque Susan tuvo muchos éxitos, esta competencia era muy peligrosa, y cada vez que la hizo, enfrentó nuevos desafíos: en 1982 chocó contra un árbol y una tormenta de nieve la atrapó, aun así llegó en segundo lugar. En 1984 un río congelado se resquebrajó bajo su trineo y casi muere ahogada, pero sus perros la salvaron y otra vez llegó en segundo lugar. En 1985 escapó de un alce con un hacha; el alce mató a 2 de sus perros e hirió a otros 13, así que tuvo que abandonar la carrera. Ese año, Libby Riddles, se convirtió en la primera mujer en ganar el Iditarod. A pesar de los contratiempos, Susan siguió esforzándose.

En 1986 Susan por fin ganó su primer Iditarod, implantando un récord de velocidad. También ganó los siguientes dos años y logro ser la primera persona en ganar 3 veces consecutivas. En 1990 ganó de nuevo y terminó la carrera horas antes que su competidor más cercano, con un nuevo récord de velocidad: 11 días, 1 hora, 53 minutos y 23 segundos.

Susan se volvió una de las mejores atletas en un deporte en el que compiten hombres y mujeres. Murió a los 51 años de leucemia y aún se le recuerda como una de las personas más influyentes en el mundo de los trineos jalados por perros.

META

TERMINÓ ENTRE LOS PRIMEROS 5 PUESTOS EN 12 DE LAS 17 CARRERAS IDITAROD EN LAS QUE COMPITIÓ.

#1

GANÓ EL TÍTULO DE "DEPORTISTA FEMENIL DEL AÑO" 2 VECES SEGUIDAS.

PRIMERA MUJER EN DIRIGIR UN EQUIPO DE PERROS EN EL MONTE MCKINLEY EN 1979.

JUNTO A SU ESPOSO, TAMBIÉN CONDUCTOR DE TRINEOS, FUNDÓ EL CRIADERO TRAIL BREAKER KENNEL.

EL IDITAROD SE BASA EN LAS RUTAS COMERCIALES DE LOS PUEBLOS MINEROS DEL SIGLO XIX Y PRINCIPIOS DEL SIGLO XX.

LLAMADA "LA MUJER MÁS FUERTE DE LA HISTORIA".

GANÓ LA MEDALLA DE ORO 6 VECES EN EL
CAMPEONATO DE LA FEDERACIÓN INTERNACIONAL
DE LEVANTAMIENTO DE POTENCIA.

OBTUVO UN RÉCORD MUNDIAL EN PRESS
DE BANCA CON 152 KILOS.

"HACER QUE LAS MUJERES SEAN FUERTES, EMPODERA MUCHO...
ES LINDO NO ESTAR INDEFENSA". BEV FRANCIS.

BEV FRANCIS

HALTERISTA Y FISICOCULTURISTA

Beverly Francis nació en Australia en 1955. Siempre admiró la fuerza y le fascinaban los músculos. En un mundo que esperaba que las mujeres fueran débiles y pequeñas, ella quería ser fuerte, grande e independiente. En la adolescencia, disfrutaba competir en lanzamiento de bala y, en 1974, comenzó el entrenamiento de pesas profesionalmente.

El fisicoculturismo requiere una disciplina intensa y mucha concentración. No se trata sólo de levantar pesas; sino de esculpir el cuerpo. Para las mujeres es más difícil mantener la masa muscular, así que Bev entrenaba más que nadie. Por su dedicación quedó invicta en todas las competencias en las que participó y fue campeona de levantamiento de pesas 6 veces entre 1980 y 1985. En esta época, rompió 40 récords en levantamiento de potencia y fue la primera mujer en levantar más de 136 kg en *press* de banca.

Sin duda, Bev era muy fuerte, pero la competencia Miss Olympia de la Federación Internacional de Fisicoculturismo (IFBB, por sus siglas en inglés) no era sólo sobre la fuerza. En campeonatos de fisicoculturismo se mide principalmente la simetría y la definición de los músculos, pero a las fisicoculturistas también se les evalúa la femineidad. Bev dio pie a un debate sobre cómo la musculatura debía ser lo más importante del fisicoculturismo femenil, al salir en la película *Pumping Iron II: The Women* en 1983 y al quedar en décimo lugar en Miss Olympia de 1986. Ella pensaba que, con base en su cuerpo, debía obtener el primer lugar o el último. Bev siguió entrenando y compitiendo, ganó el tercer lugar en 1987, 1988 y 1989, y el segundo en 1990. Cuando ella subió al escenario de Miss Olympia en 1991, la multitud se quedó sin aliento y la ovacionó. Su físico podía ganarle a casi cualquier hombre fisicoculturista de peso mediano. Estaba a la cabeza en todas las categorías, pero obtuvo el segundo lugar por 1 punto. A pesar de la derrota, fue reconocida como la mujer más musculosa antes vista. De nuevo, ayudó a cambiar la idea de cómo se debía evaluar la fuerza de las mujeres.

Bev se retiró y abrió el gimnasio Powerhouse en Nueva York. Es una de las personas más influyentes de este deporte, y se dedica a entrenar y empoderar a otras mujeres para ser fuertes.

EN 1987 GANÓ EL PRIMER LUGAR EN FIBB.

OBTUVO EL TÍTULO EN EDUCACIÓN FÍSICA POR LA UNIVERSIDAD DE MELBOURNE EN 1976.

CON FRECUENCIA LA TRATABAN COMO UN FENÓMENO POR SU MUSCULATURA, PERO NUNCA PERMITIÓ QUE ESAS OPINIONES LA DETUVIERAN.

ESTUVO EN EL EQUIPO AUSTRALIANO DE ATLETISMO COMO TIRADORA DE BALA, DE 1977 A 1982 (EXCEPTUANDO 1980).

SUS MEJORES LEVANTAMIENTOS SON 225 KG EN 2 TIEMPOS, 150 KG EN *PRESS* DE BANCA Y 227 KG EN ARRANCADA.

CONOCIÓ A SU ESPOSO EN LA FILMACIÓN DE LA PELÍCULA *PUMPING IRON II*.

PRIMERA GIMNASTA DE LA HISTORIA EN RECIBIR UNA CALIFICACIÓN PERFECTA DE 10.

ESTÁ EN EL SALÓN INTERNACIONAL DE LA FAMA DE GIMNASIA.

PRIMERA PERSONA DE RUMANIA EN GANAR UNA MEDALLA DE ORO EN LAS OLIMPIADAS.

"TODOS SE SORPRENDIERON AL VER A UNA NIÑA DE 14 AÑOS CAPAZ DE EJECUTAR GIMNASIA EN EL NIVEL EN QUE LO HICE. PERO NI YO SABÍA QUE ERA EXTRAORDINARIA EN ESE ENTONCES". NADIA COMĂNECI.

NADIA COMĂNECI

GIMNASTA

La actuación de Nadia Comăneci en las Olimpiadas de 1976 fue el ejemplo de la perfección. Con gracia y facilidad, esta niña de 14 años terminó su rutina en las barras asimétricas y obtuvo una calificación perfecta de 10. Esto se consideraba inalcanzable, al grado de que el tablero de calificaciones no estaba equipado para mostrarlo. Nadia realizó otras 6 ejecuciones perfectas, y con 7 puntajes de 10, hizo historia.

Nadia nació en 1961 en un pequeño pueblo en Rumania, el cual en ese tiempo era un estado soviético en el que el orgullo nacional era muy importante para el Estado. Su entrenamiento gimnástico comenzó a los 6 años y fue completamente pagado por el gobierno rumano. Su entrenamiento en el internado dirigido por su afamado entrenador, Béla Károlyi, era muy intenso y a los 13 años estuvo lista para competir a nivel internacional.

En 1975 fue la competidora más joven en el torneo Champions All. Ese año obtuvo 4 medallas de oro y 1 de plata en el Campeonato Europeo. En 1976 le mostró al mundo la perfección de la gimnasia en las Olimpiadas y ganó el oro en las barras asimétricas, la viga de equilibrio y el global individual. También ganó la plata en el global por equipos y el bronce en los ejercicios de suelo. Nadia regresó a Rumania como "Héroe del esfuerzo socialista". En 1977 defendió su título europeo y ganó 2 medallas de oro y 2 de plata en las Olimpiadas de Moscú en 1980.

Aunque Nadia era una celebridad, la forma en que la trataban en Rumania no tenía nada que ver con el glamour. En 1981 Béla Károlyi desertó a Estados Unidos y el gobierno rumano, temía que Nadia también lo hiciera, entonces le impidió viajar y ordenó que la policía la siguiera. Al respecto Nadia dijo: "Me sentía como prisionera. En realidad, siempre lo había sido". Se retiró de la gimnasia en 1984 y, en 1989, se escapó de Rumania atravesando el bosque hasta Hungría. Llegó a Nueva York y ahí pidió asilo.

La actuación de Nadia en las Olimpiadas de 1976 le mostró al mundo lo que es posible hacer en gimnasia. Ahora, con Bart Conner, su marido que también es gimnasta, recauda fondos para muchas organizaciones, maneja varios negocios y ayudó a fundar una escuela de gimnasia para entrenar a futuras generaciones de deportistas.

LA ESCOGIERON PARA REPRESENTAR A SU PAÍS EN GIMNASIA CUANDO LA VIERON HACIENDO VUELTAS DE CARRO EN LA ESCUELA A LOS 6 AÑOS.

RECIBIÓ EL PREMIO FLO HYMAN.

AYUDA A ADMINISTRAR LA ESCUELA DE GIMNASIA BART CONNER Y BART & NADIA SPORTS EXPERIENCE.

TIENE EL RÉCORD DE MÁS CALIFICACIONES DE 10 EN UNOS JUEGOS OLÍMPICOS.

GANÓ SU PRIMER CAMPEONATO NACIONAL JUVENIL A LOS 9 AÑOS.

ÚNICA PERSONA EN RECIBIR LA ORDEN OLÍMPICA 2 VECES.

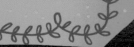

IMPLANTÓ UN RÉCORD MUNDIAL EN HEPTATLÓN.

NOMBRADA "DEPORTISTA DEL AÑO" EN 1986 POR EL COMITÉ OLÍMPICO.

ELEGIDA COMO "LA ATLETA FEMENIL DEL SIGLO XX" POR LA REVISTA SPORTS ILLUSTRATED.

GANÓ 6 MEDALLAS OLÍMPICAS.

578

"NO CREO QUE SER ATLETA SEA POCO FEMENINO. ME PARECE QUE ES GRÁCIL". JACKIE JOYNER-KERSEE.

JACKIE JOYNER-KERSEE

HEPTATLETA

GANÓ 2 VECES LA MEDALLA MEMORIAL JESSE OWENS.

EN 1986 SE CASÓ CON SU ENTRENADOR BOB KERSEE.

SU HERMANO TAMBIÉN GANÓ UNA MEDALLA OLÍMPICA DE ORO EN 1984.

Jacqueline "Jackie" Joyner nació en 1962 y creció en el este de San Luis, EUA. Aunque había poco empleo y su familia con frecuencia necesitaba dinero para comida, sus padres se aseguraron de que ella y sus hermanos no se metieran en problemas y recibieran una buena educación. Después de la escuela, Jackie jugaba basquetbol y volibol en el centro comunitario local, y ahí descubrió el atletismo.

En la preparatoria era parte del equipo de atletismo y fue la estrella del equipo campeón estatal de basquetbol. Jackie se graduó con un promedio brillante y una beca de basquetbol para la Universidad de California en Los Ángeles. Aunque en la universidad jugaba básquet, ella quería estar en el equipo de atletismo, así que hizo las pruebas para entrar, pero no impresionó a los entrenadores. Decidida a lograrlo, siguió practicando sola el salto de longitud hasta que el entrenador Bob Kersee detectó su pasión. Juntos practicaron las 7 pruebas del heptatlón: 100 m con obstáculos, salto de altura, disco, 200 m planos, salto de longitud, jabalina y 800 m.

Lu madre de Jackle murió en 1981 y ella comenzó a tener ataques de asma inducidos por el exceso de ejercicio. A pesar del duelo y de sus problemas de salud, Jackie siguió entrenando. Ganó el heptatlón del Campeonato de la Asociación Nacional Atlética Universitaria y el Campeonato Nacional de Estados Unidos. En las Olimpiadas de 1984, se quedó corta en el salto de longitud y obtuvo la medalla de plata, pero decidió que en los próximos Juegos Olímpicos ganaría el oro.

En los Juegos de la Buena Voluntad de 1986, Jackie rompió el récord mundial de heptatlón y su puntaje de 7148 la convirtió en la primera persona en obtener más de 7000 puntos. Luego rompió su propio récord por 10 puntos en el festival Olímpico. En las Olimpiadas de 1988, estaba lista: mejoró su salto de longitud y rompió su propio récord una vez más, con un puntaje de 7291, y con un salto de longitud de 7.4 m estableció un récord olímpico. Jackie siguió ganando medallas olímpicas: 1 de oro y 1 de bronce en 1992, y otra de bronce en 1996, así se volvió una de las atletas más condecoradas de la historia. Tras competir durante 18 años, Jackie se retiró y ahora es reconocida como una de las atletas más importantes del siglo.

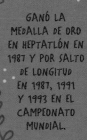

GANÓ LA MEDALLA DE ORO EN HEPTATLÓN EN 1987 Y POR SALTO DE LONGITUD EN 1987, 1991 Y 1993 EN EL CAMPEONATO MUNDIAL.

LA LLAMARON "JACKIE" EN HONOR A JACQUELINE KENNEDY, PORQUE SU ABUELA SABÍA QUE SERÍA "LA PRIMERA DAMA DE ALGO".

PRIMERA MUJER EN GANAR LA TRIPLE CORONA.

GANÓ MÁS DE 3500 CARRERAS.

PRIMERA MUJER EN ESTAR EN EL SALÓN DE LA FAMA HÍPICA.

"NO QUERÍA SER LA MEJOR MUJER JINETE DEL MUNDO. QUERÍA SER LA MEJOR JINETE". JULIE KRONE.

JULIE KRONE

JINETE PROFESIONAL

Julieanne Louise Krone montaba a caballo casi antes de que aprendiera a caminar. Nació en 1963 y creció en una granja de Michigan, EUA. Su madre, una conocida entrenadora hípica, le enseñó a montar. A los 5 años, Julie ganó su primer premio en un espectáculo infantil y ése fue el primero de muchos éxitos. En la adolescencia, ya sabía que quería ser una gran jinete profesional. A los 15 años mintió sobre su edad para poder entrenar en Churchill Downs, hogar del Derby de Kentucky. Dos años más tarde, debutó en las carreras de Tampa Bay Downs, en donde, meses después, ganó su primera carrera.

Si bien desde 1968 ha habido otras mujeres que se han dedicado a ser jinetes profesionales, Julie enfrentó todavía un duro sexismo: tuvo problemas para conseguir un representante y los aficionados le gritaban burlas sexistas. Sabía que tendría que ganar las carreras más prestigiosas para obtener el respeto del público y de sus compañeros jinetes. En 1987 ganó la mayor cantidad de carreras Monmouth Park y los Meadowlands, y llegó a ser la primera mujer en ganar un título hípico en una pista importante. En 1991 clasificó como la tercera mejor jinete, entre hombres y mujeres, en Nueva York.

En 1993 fue la primera mujer en ganar la carrera Belmont Stakes, que es la tercera parte de la prestigiosa prueba: Triple Corona. Ésta fue una gran victoria, pero más tarde, ese mismo año, en la cúspide de su carrera, Julie casi muere en una peligrosa caída en la que salió volando del caballo y otro caballo la golpeó. La pechera que llevaba le salvó la vida, pero le tomó casi un año recuperarse. En 1995 su caballo la tiró de nuevo y se rompió ambas manos. A pesar de estas lesiones, sólo dos años después volvió a competir y a romper récords.

En 1999 Julie fue la primera mujer en ganar 3500 carreras y a la fecha ha ganado 3704 veces. Siguió ganando títulos y en el 2000 fue la primera mujer en entrar al Museo Nacional y al Salón de la Fama Hípico. Luego, en 2003, fue la primera mujer en ganar la carrera Breeder's Cup. Su prestigiosa trayectoria continua inspirando a otras jinetes a alcanzar sus sueños, sin importar las dificultades.

GANÓ 6 CARRERAS EN UN DÍA EN LA PISTA DE MONMOUTH PARK.

GANÓ MÁS DE 90 MILLONES DE DÓLARES EN PREMIOS.

PRIMERA MUJER EN GANAR LA BREEDER'S CUP EN 2003.

SE RETIRÓ EN 1999, PERO VOLVIÓ A PARTICIPAR EN MÁS CARRERAS HASTA SU RETIRO DEFINITIVO EN 2004.

MIDE 1.47 M Y ES CONSIDERADA BAJITA INCLUSO PARA SER JINETE.

CORRIÓ CON SU CABALLO, COLONIAL AFFAIR, EN BELMONT STAKES.

EN 1995 ESCRIBIÓ LA AUTOBIOGRAFÍA *RIDING FOR MY LIFE*.

PRIMERA PATINADORA EN ROMPER LA BARRERA DE LOS 39 SEGUNDOS EN UNA CARRERA DE 500 M.

GANÓ 5 MEDALLAS DE ORO Y 1 DE BRONCE.

UNA DE LAS ATLETAS MÁS CONDECORADAS DE LA HISTORIA OLÍMPICA.

ESTÁ EN EL SALÓN DE LA FAMA OLÍMPICO ESTADUNIDENSE.

"SI HAGO EL TRABAJO FÍSICO Y MI CONTRINCANTE ENTRENA IGUAL, PERO NO TIENE LA MISMA ACTITUD MENTAL POSITIVA QUE YO, LA VOY A DERROTAR". BONNIE BLAIR.

BONNIE BLAIR

PATINADORA DE VELOCIDAD

Bonnie Kathleen Blair patina desde hace más tiempo del que puede recordar. Nació en 1964 en Nueva York, EUA, en una familia de patinadores apasionados. Sus padres la llevaron a la pista de hielo antes de los 2 años y, a los 4, ya practicaba patinaje de velocidad. Después se mudaron a Illinois y ahí ganó su primera competencia a los 7 años.

Con 1.65 m de altura y 58 kg de peso, Bonnie era considerada pequeña para ser patinadora de velocidad; por tanto, tuvo que valerse de su autodeterminación y técnica para ganar. En 1984 calificó a sus primeros Juegos Olímpicos, pero no tenía dinero para viajar ni para entrenar. Sin embargo, gracias a que era reconocida en su ciudad por su gran actitud y bondad, el departamento de policía local recaudó 7000 dólares para que pudiera competir. Ella participó en tres Olimpiadas más y su familia y amigos siempre fueron a apoyarla.

Bonnie no logró ganar medallas en 1984, así que decidió intensificar su entrenamiento haciendo pesas para ganar fuerza. Cuatro años después, en los Juegos de Calgary, por fin ganó su primera medalla de oro y estableció un nuevo récord de velocidad en los 500 m: 39.10 segundos; en esos juegos también obtuvo la medalla de bronce en los 1000 m.

En los Olímpicos de Invierno de 1992, mientras su familia y amigos ondeaban banderas entre el público, ganó el oro en los 500 m y en los 1000 m. Luego en los Juegos de 1994, (realizados dos años después para alternar las fechas de las Olimpiadas de Invierno y Verano) logró el oro en las mismas dos categorías y, además, ganó los 1000 m por el margen más grande de todos los tiempos. Sus fans se volvieron locos y Bonnie se convirtió en la atleta estadunidense más condecorada en la historia de los Juegos Olímpicos de Invierno.

En 1994 hizo historia de nuevo al romper la barrera de los 39 segundos en el patinaje de velocidad: implantó un récord de 38.99 segundos en los 500 m. Al año siguiente mejoró su tiempo al obtener 38.69, ¡otro récord mundial!

Toda su carrera, Bonnie dependió de su actitud positiva y del apoyo de la comunidad. Se retiró a los 31 años, como una leyenda del patinaje. Ahora dirige el Fondo Caritativo Bonnie Blair y viaja por Estados Unidos como entrenadora y conferencista.

SU ÚLTIMA CARRERA FUE LA DE 1000 M Y ESTABLECIÓ UN RÉCORD NACIONAL DE 1 MINUTO 18.05 SEGUNDOS.

SU NACIMIENTO SE ANUNCIÓ EN EL SISTEMA DE AUDIO DE LA PISTA DE HIELO EN LA QUE SU PADRE Y SUS HERMANOS PATINABAN.

LA FAMILIA Y LOS AMIGOS QUE LA ANIMABAN DESDE EL PÚBLICO ERAN CONOCIDOS COMO EL "BLAIR BUNCH".

GANÓ EL PREMIO JAMES E. SULLIVAN COMO "MEJOR ATLETA AMATEUR" EN 1992.

PRIMERA MUJER ESTADUNIDENSE EN GANAR 5 MEDALLAS OLÍMPICAS.

PRIMERA MUJER EN SER ÁRBITRA EN LA NBA.

HA PRESIDIDO ELIMINATORIAS FINALES DE LA NBA.

HA SIDO ÁRBITRA EN 2 CAMPEONATOS NACIONALES FEMENILES Y 5 FINALES DE LA NCAA.

"REALMENTE CREO QUE, SI DE VERDAD DISFRUTAS LO QUE HACES, NO ES TRABAJO. VOY A TRABAJAR TODOS LOS DÍAS Y PARA MÍ NO ES TRABAJO". VIOLET PALMER.

VIOLET PALMER

ÁRBITRA

Violet Renice Palmer nació en 1964 y creció en Compton, Los ángeles, EUA. Gracias a su habilidad para jugar basquetbol en la preparatoria, obtuvo una beca completa en la Universidad Estatal Politécnica de California, en Pomona, donde su equipo ganó 2 campeonatos de la División II de la Asociación Nacional Atlética Universitaria (NCCA, por sus siglas en inglés). En verano, llevaba el marcador y era subárbitra de los juegos varoniles: su primera incursión como árbitro de basquetbol.

Pronto arbitró juegos de la División I Femenil de la NCAA, donde era muy reconocida y se encargaba de los partidos importantes que se televisaban. En 1995 la Asociación Nacional de Basquetbol (NBA, por sus siglas en inglés) le ofreció un puesto en el programa de entrenamiento de árbitros. Ella sabía que, al ascender a la NBA, tendría que demostrar su valor una y otra vez, porque muchos consideraban que los juegos eran rudos y que el lenguaje que se usaba era muy grosero para una árbitra. Los partidos de la NBA son rápidos e intensos, hay peleas y, como el árbitro está en medio de la acción, puede recibir golpes accidentales, mientras verifica que se cumplan las reglas.

Violet tenía un reto: hacer que los jugadores y los fans no la juzgaran con base en su género. Arbitró juegos de pretemporada y de exhibición; tras dos años la ascendieron y, en 1997, fue la primera mujer en arbitrar un partido de la temporada regular de la NBA. Según recuerda, "no sólo abrí la puerta, la tiré a patadas".

El mundo la observaba y había entrenadores, jugadores, reporteros y otros árbitros que esperaban que fracasara. Algunos comentaristas deportivos le dijeron que "arbitrara partidos femeniles y volviera a la cocina". Violet los ignoró y fue una voz muy potente sobre la cancha, seguía el paso de los jugadores y terminaba las peleas de inmediato. Con agallas, demostró que merecía el puesto.

En 2006 fue la primera mujer en arbitrar una eliminatoria de la NBA, un trabajo reservado sólo a los mejores. En 2009 arbitró una final de la NBA y en 2014 un Juego de Estrellas, antes de retirarse en 2016 después de 18 temporadas. Fue una de las voces más respetadas en la cancha, por sus compañeros y por los jugadores. Abrió el camino para que más mujeres pudieran ser árbitras en deportes nacionales de primera línea.

DEE KANTNER FUE OTRA ÁRBITRA QUE TRABAJÓ CON ELLA EN 1997.

ARBITRÓ 5 PARTIDOS DE CUARTOS DE FINAL DE LA NCAA

SE CASÓ CON SU NOVIA DE TODA LA VIDA EN 2014.

EN LA PREPARATORIA Y LA UNIVERSIDAD JUGÓ COMO BASE.

TROPEZÓ Y SE ESGUINZÓ EL HOMBRO DURANTE UN PARTIDO Y SIGUIÓ ARBITRANDO CON UN BRAZO, SIN DETENERSE UN SEGUNDO.

ESTADISTICA SALARIAL Y DE PRENSA

Aunque las mujeres constituyen la mitad de la población, la cobertura que hacen los medios de comunicación de los eventos deportivos profesionales femeninas es mucho menor. A pesar de que rompen récords mundiales y juegan de forma intensa y fascinante, los juegos de las atletas no se promueven ni son transmitidos por las cadenas de televisión de Estados Unidos igual que los de los hombres. Esto genera menos recursos y oportunidades para equipos femeninas, para las ligas y para las atletas individuales.

COBERTURA TELEVISIVA

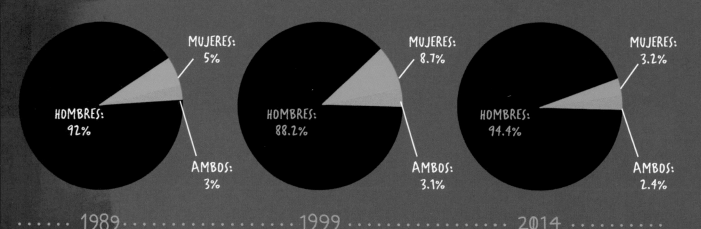

1989

MUJERES: 5%

HOMBRES: 92%

AMBOS: 3%

1999

MUJERES: 8.7%

HOMBRES: 88.2%

AMBOS: 3.1%

2014

MUJERES: 3.2%

HOMBRES: 94.4%

AMBOS: 2.4%

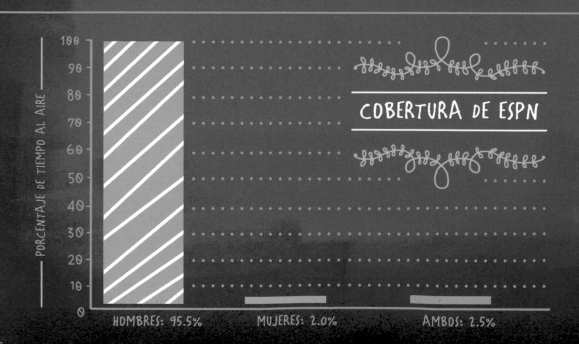

COBERTURA DE ESPN

PORCENTAJE DE TIEMPO AL AIRE

100 · 90 · 80 · 70 · 60 · 50 · 40 · 30 · 20 · 10 · 0

HOMBRES: 95.5%   MUJERES: 2.0%   AMBOS: 2.5%

DIFERENCIA SALARIAL POR GÉNERO

En todo el mundo, a las mujeres se les paga menos que a los hombres por el mismo trabajo, y el ámbito de los deportes profesionales no es una excepción. Aquí hay algunos ejemplos de la brecha salarial en Estados Unidos en los deportes.

── GOLF ──

320 MILLONES DE DÓLARES EN PREMIOS

61.6 MILLONES DE DÓLARES EN PREMIOS

TOUR VARONIL DE LA PGA EN 2014

LPGA FEMENIL EN 2014

── FUTBOL ──

9 MILLONES DE DÓLARES POR GANAR EL 1° LUGAR EN LA COPA MUNDIAL DE 2014

2 MILLONES DE DÓLARES POR GANAR LA COPA MUNDIAL DE 2015

FUTBOL VARONIL EN EUA

FUTBOL FEMENIL EN EUA

── BASQUETBOL ──

NBA (VARONIL) EN LA TEMPORADA 2015-2016

SALARIO MÍNIMO: 525 093 MILLONES DE DÓLARES

SALARIO MÁXIMO: 16 487 MILLONES DE DÓLARES

WNBA (FEMENIL) EN LA TEMPORADA 2015

SALARIO MÁXIMO: 109 500 DÓLARES

SALARIO MÍNIMO: 38 913 DÓLARES

PRIMERA MUJER DE LA INDIA EN GANAR EL ORO EN LA FINAL DE LA COPA MUNDIAL ISSF.

ÚNICA PERSONA DE LA INDIA EN GANAR EL TROFEO DEL CAMPEONATO ISSF EN RIFLE DE AIRE.

SE CONVIRTIÓ EN LA MEJOR TIRADORA DE RIFLE DE AIRE EN EL MUNDO EN 2002.

"EL TIRO ES UN DEPORTE DE PODER MENTAL". ANJALI BHAGWAT.

ANJALI BHAGWAT

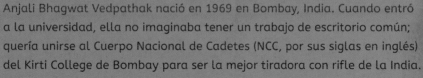

TIRADORA

Anjali Bhagwat Vedpathak nació en 1969 en Bombay, India. Cuando entró a la universidad, ella no imaginaba tener un trabajo de escritorio común; quería unirse al Cuerpo Nacional de Cadetes (NCC, por sus siglas en inglés) del Kirti College de Bombay para ser la mejor tiradora con rifle de la India.

Aunque tradicionalmente el tiro era un deporte destinado a los hombres, con su gran habilidad, Anjali cambió la percepción de su país sobre el tiro con rifle femenil. En el NCC, el entrenador de tiro, Sanjay Chakravarthy, detectó el talento de ella y la entrenó. El tiro requiere disciplina física y mental intensa. Anjali tenía músculos fuertes y podía mantener una postura perfecta mientras sostenía el arma de casi 6 kg durante horas y, además, aprendió a estar pendiente de todas las variables en el campo de tiro y a mantener la atención en el equilibrio del arma, la velocidad del viento y su propio estado mental para dar en el blanco perfectamente.

En 2002 Anjali hizo historia en las dos competencias internacionales más importantes: los Juegos de la Mancomunidad y el Campeonato de la Federación Internacional de Tiro Deportivo (ISSF, por sus siglas en inglés). Ella ya había ganado medallas de oro en estos Juegos en 1999 y 2001, pero hasta los Juegos de 2002 se consagró como la mejor tiradora del mundo en la prueba de los 10 m. También se llevó 4 medallas de oro en las categorías de los 10 m y 50 m (individual y en equipo). Ese mismo año, fue la primera persona de la India en ganar el premio Campeón de Campeones de la Copa Mundial de la ISSF en la prueba de rifle de aire combinado.

En 2003 Anjali tuvo un puntaje casi perfecto de 399/400 puntos en la prueba de los 10 m, fue la primera mujer india en ganar un oro en la Copa Mundial de la ISSF. También recibió el Premio Rajiv Gandhi Khel-Ratna, la distinción deportiva más importante de la India. De este modo, cimentó su legado como una de las mejores tiradoras de rifle de la historia.

Anjali sigue entrenando 5 días a la semana y su ejemplo inspira a más niñas en la India a aprender deportes de tiro al blanco. Hoy el mundo sabe que las mujeres de la India son feroces competidoras en el campo del tiro internacional.

GANÓ MUCHOS PREMIOS INTERNACIONALES, INCLUIDO EL ARJUNA EN EL AÑO 2000.

LLAMADA "LA REINA INDIA DEL TIRO".

ENTRENA JUDO.

PRACTICA YOGA PARA MANTENER CUERPO Y MENTE EN FORMA.

APARECIÓ EN EL PROGRAMA DE TELEVISIÓN DE LA INDIA: MUJERES POR EL CAMBIO.

RAJIV GANDHI KHEL RATNA

REPRESENTÓ 3 VECES A LA INDIA EN LOS JUEGOS OLÍMPICOS DEL 2000, 2004 Y 2008.

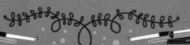

JEFA DE MISIÓN DEL EQUIPO OLÍMPICO CANADIENSE EN LOS JUEGOS PARALÍMPICOS DE RÍO EN 2016.

TIENE EL RÉCORD PARALÍMPICO EN CARRERAS EN SILLA DE RUEDAS.

GANÓ UN TOTAL DE 21 MEDALLAS EN LOS PARALÍMPICOS.

"HAY ALGUNAS MEDALLAS QUE SE GANAN CON VELOCIDAD Y MÚSCULOS, Y OTRAS QUE SE GANAN CON LA CABEZA, EL CORAZÓN Y LAS AGALLAS". CHANTAL PETITCLERC.

CHANTAL PETITCLERC

CORREDORA EN SILLA DE RUEDAS

GANÓ LOS 800 M EN EL EVENTO DE EXHIBICIÓN DE CARRERAS EN SILLA DE RUEDAS EN LOS JUEGOS OLÍMPICOS DE 2004.

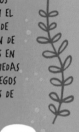

¡OUI!

SU LENGUA MATERNA ES EL FRANCÉS.

TIENE UNA ESTRELLA EN EL PASEO DE LA FAMA DE CANADÁ.

Chantal Petitclerc nació en 1969, en Quebec, Canadá. Cuando tenía 13 años un accidente le paralizó las piernas, pero no dejó que esto definiera su vida y decidió volverse una de las mejores atletas canadienses. Comenzó a nadar para fortalecerse; sin embargo, cuando conoció al entrenador de carreras en silla de ruedas, Pierre Pomerleau, su vida cambió para siempre. Pierre descubrió su potencial y ella supo que si le daban la oportunidad, podría ser la mujer más rápida en silla de ruedas.

Las carreras en silla de ruedas tienen las mismas categorías que el atletismo e incluyen carreras cortas y maratones. Las sillas de ruedas de carreras son largas, están muy cerca del suelo y cuentan con tres ruedas, como las carretillas. Este deporte requiere gran fuerza en la parte superior del cuerpo, así que para ser la mejor, Chantal comenzó un riguroso entrenamiento que incluía pesas.

A los 22 años, participó en sus primeros Juegos Paralímpicos en Barcelona 1992. Ganó el bronce en las pruebas de los 200 y 800 m. Pero esto fue sólo el principio, enseguida se dedicó a mejorar su velocidad: en 1996 volvió a los Paralímpicos en Atlanta y se llevó 5 medallas, entre ellas, 2 de oro. Fue entonces que Chantal comenzó a ser conocida como una fuerza imparable en la pista.

Ella también compitió en los Juegos Paralímpicos del 2000, 2004 y 2008. A lo largo de su carrera paralímpica ganó un total de 21 medallas: 14 de oro, 5 de plata y 2 de bronce. Rompió 5 récords paralímpicos en las pruebas de los 100, 200, 400 y 800 m.

Fue nombrada "Personalidad deportiva del año" por el diario *La Presse*. En 2008 ganó el trofeo Lou Marsh y fue nombrada "Atleta del año" por la prensa canadiense. Se retiró del ámbito profesional tras los Juegos Paralímpicos de Pekín para concentrarse en su actividad de conferencista y mentora; ahora sólo compite por diversión.

Chantal hoy trabaja duro para asegurarse de que las personas con discapacidad tengan acceso al deporte y al trabajo. Ha sido embajadora de la organización Right to Play y fue miembro del Senado canadiense en 2016. Chantal demuestra que, sin importar los obstáculos que se presenten en la vida, con determinación y disciplina, es posible ser lo suficientemente fuerte para alcanzar los sueños.

ÚNICA ATLETA CANADIENSE EN OBTENER PRIMER LUGAR EN LOS JUEGOS OLÍMPICOS, LOS PARALÍMPICOS Y LOS JUEGOS DE LA MANCOMUNIDAD.

MIEMBRO DE LA ORDEN CANADIENSE Y DE LA ORDEN DE QUEBEC.

ARQUERA MÁS CONDECORADA EN LA HISTORIA DE COREA.

GANÓ 4 MEDALLAS DE ORO EN JUEGOS OLÍMPICOS.

LA FEDERACIÓN INTERNACIONAL DE TIRO CON ARCO LA NOMBRÓ "ARQUERA DEL SIGLO XX".

"EL TIRO CON ARCO OFRECE CONVICCIÓN. LA GENTE NECESITA CONVICCIÓN TODO EL TIEMPO: PARA COMER BIEN, PARA CUALQUIER COSA. YO DIRÍA QUE EL TIRO CON ARCO ES EL MEJOR DEPORTE PARA TENER UNA BUENA VIDA". KIM SOO-NYUNG

KIM SOO-NYUNG

➤ ARQUERA ◄

Los Juegos Olímpicos de Seúl de 1988 marcaron un periodo importante en la historia de Corea. Aquel abril, Corea del Sur se transformó en una democracia parlamentaria tras años de gobierno militar, y el país lo celebró mientras fungía de anfitrión de las Olimpiadas. Las victorias de los atletas surcoreanos amplificaron la felicidad por la reciente libertad, y Kim Soo-Nyung tuvo la actuación más impresionante de tiro con arco jamás vista, ningún deportista fue mejor que ella.

Kim Soo-nyung nació en 1971 en Corea del Sur. Desde los 9 años, el tiro con arco fue su gran pasión. A los 16, impuso un nuevo récord mundial en blancos de 30 m de distancia, ganó la medalla de oro Coq de Francia y entró al equipo olímpico. En la competencia individual de tiro con arco de las Olimpiadas de 1988, las arqueras tiraron una vuelta a diferentes distancias del blanco. A los 30 m, Kim Soo-nyung clavó las 9 flechas en la zona de los 10 puntos, obteniendo un marcador perfecto. Después completó la ronda de los 50 m y la de 70 m, ambos con un impresionante marcador final de 344 puntos. Junto con su equipo, Kim Soo-nyung consiguió su segunda medalla olímpica de oro, lo cual fue una enorme victoria para ella y para Corea del Sur.

En las Olimpiadas de 1992, se esperaba que Kim Soo-nyung arrasara en la competencia; no obstante, perdió el oro en la categoría individual ante su compañera y amiga Cho Youn-Jeong, pero aceptó la medalla de plata con dignidad. Luego ganó su tercera medalla de oro en la prueba por equipos.

A los 21 años, Kim Soo nyung era considerada una de las arqueras más importantes. Aunque decidió retirarse y formar una familia, no pudo resistir el llamado del arco mucho tiempo: 1999 marcó su regreso a los Juegos Olímpicos del 2000. De nuevo ayudó a su equipo a alcanzar el oro y se llevó la medalla de bronce en la categoría individual. Con un total de 6 medallas olímpicas, Kim Soo-nyung es la arquera más condecorada de la historia coreana.

Hoy en día, Kim Soo-nyung se encarga de su familia y a veces entrena equipos internacionales de tiro con arco. Su carrera fijó un nuevo estándar para todas las arqueras y siempre será recordada como parte de aquel impresionante equipo de tiro con arco que arrasó en los históricos Juegos Olímpicos de 1988 en Corea del sur.

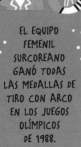

EL EQUIPO FEMENIL SURCOREANO GANÓ TODAS LAS MEDALLAS DE TIRO CON ARCO EN LOS JUEGOS OLÍMPICOS DE 1988.

SU ENTRENADOR LA LLAMABA "LA VÍBORA".

EN 2009 TRABAJÓ COMO DIRECTORA DE MEDIOS EN EL CAMPEONATO MUNDIAL DE TIRO CON ARCO.

GANÓ EL ORO EN LAS CATEGORÍAS INDIVIDUAL Y EN EQUIPO EN EL CAMPEONATO MUNDIAL DE TIRO CON ARCO EN 1989 Y 1991.

AYUDÓ AL EQUIPO SURCOREANO A IMPLANTAR UN RÉCORD MUNDIAL CON UN PUNTAJE COMBINADO DE 4094 PUNTOS EN LAS OLIMPIADAS DE 1992.

CREADORA DE ALWAYS DREAM FOUNDATION.

GANÓ 2 CAMPEONATOS DE PATINAJE CONSECUTIVOS.

PRIMERA MUJER ESTADUNIDENSE DE ASCENDENCIA ASIÁTICA EN GANAR UNA MEDALLA OLÍMPICA DE ORO.

"LA GLORIA Y LOS HONORES EN EL DEPORTE SON MARAVILLOSOS. PERO A VECES FRENTE A UN NIÑO DE BAJOS RECURSOS O CON UNA MADRE O PADRE CON PROBLEMAS ECONÓMICOS AGRADEZCO TODO LO QUE TENGO, PERO TAMBIÉN HAGO LO QUE PUEDO PARA AYUDAR A QUIEN LO NECESITA". KRISTI YAMAGUCHI.

KRISTI YAMAGUCHI

PATINADORA SOBRE HIELO

Mucho antes de que Kristi Yamaguchi representara a Estados Unidos en las Olimpiadas, su abuelo peleaba por ese país en la Segunda Guerra Mundial, mientras su familia era confinada a un campo de concentración japonés-estadunidense, en el que nació la madre de Kristi. A pesar de esta injusticia, ella representó a su país en el escenario mundial y fue la primera estadunidense de ascendencia asiática en ganar el oro olímpico.

Kristine Tsuya Yamaguchi nació en California, EUA, en 1971. Como muchas niñas de esa época, vio patinar a Dorothy Hamill en las Olimpiadas de 1976 y quiso ser como ella. Kristi nació con pie zambo, y usó faja y zapatos ortopédicos en su infancia. Cuando quiso aprender a patinar sobre hielo, a su madre le pareció una gran manera de enderezarle las piernas. Tras incontables lecciones y años de práctica, Kristi empezó a competir a nivel nacional.

En el Campeonato Nacional de 1985, patinó con su nueva pareja de dobles, Rudy Galindo, con quien ganó el título nacional de 1986, 1989 y 1990. Después de que quedaron en quinto lugar en los campeonatos mundiales de 1989 y 1990, ella se concentró en el patinaje individual, lo cual fue buena idea: ganó el oro en el Campeonato Mundial de 1991, con un puntaje perfecto de 6.0 en composición artística. Luego de años de obtener el segundo lugar en el Campeonato Nacional, al fin, logró el oro en 1992 y su sueño de vida estuvo en sus manos: compitió en sus primeras Olimpiadas ese año.

Kristi cautivó al público y a los jueces, y el oro olímpico fue suyo. Los diarios describieron su actuación como algo tan bello que parecía que "las melodías fueron escritas en sus patines". Ese año volvió a ganar el Campeonato Mundial de 1992, y logró ser la primera estadunidense en completar la Triple Corona del patinaje desde Dorothy Hamill en 1976.

El éxito de Kristi en el patinaje le brindó una plataforma para ayudar a la gente y hoy se dedica por completo a la filantropía. En 1996 creó Always Dream Foundation, la cual promueve el alfabetismo infantil entre estudiantes de bajos recursos, con becas y apoyo comunitario los ayuda a cumplir sus sueños. Kristi inspiró al mundo con su patinaje y lo continúa haciendo con su labor filantrópica.

PATINÓ AL RITMO DE LA MALAGUEÑA EN LAS OLIMPIADAS DE 1992.

¡BUENA SUERTE!

DOROTHY HAMILL LE DESEÓ BUENA SUERTE ANTES DE SU ACTUACIÓN EN LOS JUEGOS DE 1992.

ESTÁ EN EL SALÓN DE LA FAMA ESTADUNIDENSE E INTERNACIONAL DE PATINAJE ARTÍSTICO.

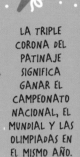

LA TRIPLE CORONA DEL PATINAJE SIGNIFICA GANAR EL CAMPEONATO NACIONAL, EL MUNDIAL Y LAS OLIMPIADAS EN EL MISMO AÑO.

SU JUGUETE FAVORITO ERA UNA MUÑECA DE DOROTHY HAMILL.

SALIÓ EN EL PROGRAMA DE TV ESTRELLAS SOBRE HIELO.

GANÓ EL CAMPEONATO MUNDIAL FEMENIL DE LA ASP 7 VECES.

ENTRÓ AL SALÓN DE LA FAMA DE SURFEO DE AUSTRALIA EN 2006.

CREÓ LA AIM FOR THE STARS FOUNDATION.

"VOY TRAS LO QUE QUIERO CON UN DESENFRENO TEMERARIO HASTA QUE LO CONSIGO, SI REALMENTE SIGNIFICA TANTO PARA MÍ". LAYNE BEACHLEY

LAYNE BEACHLEY

SURFISTA

Layne Collette Beachley nació en Australia en 1972 y fue adoptada 6 semanas después. Su madre adoptiva murió cuando Layne tenía 6 años y, más tarde, a los 8, se enteró de que era adoptada. Layne cree que esto le despertó el deseo de ser la mejor del mundo en algo. Ese algo fue ser surfista, logró ser la campeona de surf con más victorias consecutivas de la historia.

OBTUVO 29 VICTORIAS MUNDIALES.

En la adolescencia, Layne pasaba el tiempo con surfistas profesionales y aprendió de ellos todo lo que pudo. Aquello funcionó muy bien: a los 16 años, ya era una profesional y competía en los campeonatos mundiales femeniles de la Asociación de Surf Profesional (ASP). Era muy dura consigo misma por su intento constante de ser la mejor; el mar puede ser peligroso y Layne muchas veces ignoraba sus lesiones para seguir compitiendo. En 1993 ganó su primera competencia profesional de surf; pero justo ese mismo año le diagnosticaron el síndrome de fatiga crónica. A partir de entonces, luchó contra la depresión toda su carrera; pero buscando ayuda, haciéndose consciente de cómo se sentía y cuidándose, se sobrepuso a los momentos más oscuros de su vida para poder disfrutar sus pasiones: surfear y ganar.

TUVO 4 EMPLEOS A LA VEZ PARA MANTENERSE MIENTRAS SURFEABA PROFESIONALMENTE EN 1995.

Layne surfeó por todo el mundo y el Campeonato Mundial Femenil de la ASP de 1998 fue el principio de una racha ganadora legendaria. Ganó este campeonato 6 años seguidos, de 1998 a 2003. Ningún hombre o mujer ha ganado tantas competencias consecutivas de surf en la historia. En 2003 y 2004 fue nombrada "Surfista femenil del año" por la revista *Surfer.* Los premios y distinciones se siguieron acumulando y en 2006 ganó su séptimo campeonato, convirtiéndose así en la mujer surfista con más victorias en la historia.

TRABAJÓ 15 AÑOS EN EL CONSEJO DE LA ASP.

En 2008 se retiró del surf. Como presidenta de la organización Surfing Australia, es una de las pocas campeonas del mundo con tanta influencia en su deporte. Ayuda a garantizar fondos para los torneos femeniles de surf y lucha por la igualdad salarial para las surfistas profesionales. Además creó la Aim for the Stars Foundation que otorga becas y apoya a niñas que desean entrar al mundo de los negocios, el arte, la ciencia y el deporte. Quiere ayudar a las niñas a soñar en grande y a conseguir sus metas.

VIAJA POR EL MUNDO DANDO CONFERENCIAS MOTIVACIONALES.

RECIBIÓ EL TÍTULO DE OFICIAL DE LA ORDEN DE AUSTRALIA.

SE ROMPIÓ LA COLUMNA LUMBAR AL CAER EN EL CAMPEONATO MUNDIAL Y AUN ASÍ GANÓ EL PRIMER LUGAR.

JUGADORA DEL AÑO DE LA FIFA EN 2001 Y 2002.

ESTÁ EN EL SALÓN DE LA FAMA NACIONAL Y EN EL SALÓN MUNDIAL DE LA FAMA DE FUTBOL.

GANÓ EL ORO OLÍMPICO EN 1996 Y 2004, Y LA PLATA OLÍMPICA EN EL 2000 CON LA SELECCIÓN DE EUA.

"TOMA TUS VICTORIAS, LAS QUE SEAN, Y VALÓRALAS, ÚSALAS, PERO NO TE CONFORMES CON ELLAS". MIA HAMM.

MIA HAMM

FUTBOLISTA

Mariel Margaret "Mia" Hamm nació en 1972 en Alabama y creció en Texas, EUA. A los 15 años, fue la jugadora más joven en la selección estadunidense de futbol. A los 17, entró a la Universidad de Carolina del Norte, con este equipo ganó el Campeonato de la Asociación Nacional Atlética Universitaria en 1989, 1990, 1992 y 1993. Por un tiempo, detuvo sus estudios para competir con la selección nacional y ganó la Copa Mundial de 1991.

En 1996 estuvo lista para las Olimpiadas. Ese año, su hermano Garrett, quien padecía anemia aplásica, recibió un diagnóstico fatal. Pese a esto, él viajó para ver la victoria olímpica de Mia. Por desgracia, él murió en 1997. Ella tenía un fuerte vínculo con su hermano y en su honor creó Mia Hamm Foundation, que recauda fondos para las atletas y para quienes requieren un trasplante de médula.

Mia siguió rompiendo los límites del futbol femenil: en 1999 anotó su gol 108 en torneos internacionales, así fijó un récord en el futbol varonil y femenil. No obstante, para las autoridades las victorias en la cancha no significaban condiciones iguales. La FIFA, el cuerpo de gobierno del futbol, quería que la Copa Mundial Femenil se jugara en recintos pequeños, pues temía que nadie asistiera. Sin embargo, Marla Messing, directora del comité organizador, estuvo en contra y exigió que el futbol femenil se mostrara en estadios grandes, igual que el de los hombres. En todos los partidos de la Copa Mundial Femenil, los estadios estuvieron repletos, en la final, más de 90000 espectadores llenaron el estadio Rose Bowl para ver a EUA contra China. Tras 30 minutos. de tiempo extra, todo se resolvió en penales. Aunque éstos no eran el fuerte de Mia y estaba nerviosa, se concentró en el balón y anotó. Su compañera, Brandi Chastain, metió otro gol y EUA ganó, así cambió la percepción del futbol femenil que tenían los estadunidenses y se abrió camino para que más niñas jugaran.

En 2001 Mia ayudó a constituir la Asociación Estadunidense de Futbol Soccer Femenil, primer liga de futbol femenil estadunidense, aunque las oportunidades y los salarios iguales aún están pendientes en todos los deportes. Pensando en sus dos hijas, Mia sigue luchando por la igualdad en el deporte.

MIA Y SU FAMILIA CONOCIERON EL FUTBOL CUANDO TRASLADARON A SU PADRE A ITALIA.

GANÓ 3 PREMIOS ESPY.

IMPLANTÓ UN RÉCORD DE 150 GOLES INTERNACIONALES, ALGO ÚNICO EN EL FUTBOL FEMENIL Y VARONIL.

ENTRE 1994 Y 1998 FUE LA "ATLETA DE FUTBOL DEL AÑO DE EUA".

NACIÓ CON PIE EQUINOVARO PARCIAL.

ES LICENCIADA EN CIENCIAS POLÍTICAS.

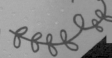

4 VECES GANADORA DEL ORO OLÍMPICO.

ESTÁ EN EL SALÓN DE LA FAMA MEMORIAL DE NAISMITH.

3 VECES GANADORA DEL PREMIO A LA MEJOR JUGADORA DE LA WNBA.

"NO ES NUESTRA CULPA HABER NACIDO MUJERES. SÓLO QUEREMOS JUGAR. SÓLO QUEREMOS TENER EL MISMO ESPACIO Y EL MISMO LUGAR". LISA LESLIE.

LISA LESLIE

BASQUETBOLISTA

Lisa Deshaun Leslie nació en 1972 y fue criada en Gardena, California, EUA, por su madre soltera, quien le mostró que se puede ser fuerte y femenina a la vez, aun realizando trabajos duros como los que hacía ella, que conducía un tráiler y era soldadora.

Lisa jugó basquetbol desde la secundaria. No sólo era alta (en sexto grado medía 1.80 m), también era una jugadora nata, hasta salió en el periódico al anotar 101 puntos en la primera mitad de un partido. Lisa tenía dos objetivos en la vida: obtener una beca deportiva para ir a la universidad y jugar en las Olimpiadas.

Lisa era la estrella del equipo en la preparatoria y el último año fue la primera de su escuela en ser seleccionada, ingresó a la Universidad del Sur de California con una beca completa. Las oportunidades en el basquetbol colegial para los hombres y las mujeres eran diferentes: la NBA (Asociación Nacional de Baloncesto, por sus siglas en inglés) reclutaba a los hombres y la WNBA (Asociación Nacional de Baloncesto Femenil, por sus siglas en inglés) no existía. No obstante, Lisa puso como prioridad sus estudios y trabajó para alcanzar su sueño de representar a EUA en las Olimpiadas.

En 1996 Lisa clasificó al equipo olímpico y ganó el oro. Ese año la NBA aprobó la formación de la liga femenil y se creó la WNBA. En 1997, en los primeros partidos de la WNBA, jugó como centro de las Sparks de Los Ángeles. En 2001 cerca de 2.5 millones de aficionados asistieron a los partidos de la WNBA. En 2002 Lisa hizo historia como la primera mujer en hacer un *dunk* (clavada) en un juego profesional y la multitud enloqueció.

En los doce años que jugó con las Sparks, Lisa ganó el Premio a la Mejor Jugadora 3 veces, ayudó a su equipo a ganar 3 campeonatos y anotó más de 6200 puntos. Con el equipo olímpico de EUA, ganó el oro en los Juegos del 2000, 2004 y 2008. Así logró ser una de las basquetbolistas más condecoradas de la historia olímpica.

En 2009 Lisa se retiró de las Sparks. Quería mostrarle al mundo que era una mujer fuerte dentro y fuera de la cancha. Obtuvo una maestría en Administración de Empresas y en 2011 se volvió una de las dueñas de las Sparks. Lisa aún es considerada una de las mejores basquetbolistas y es un gran ejemplo para chicas de todo el mundo.

PRIMERA MUJER EN LA WNBA EN ANOTAR MÁS DE 6000 PUNTOS.

SU LIBRO SE TITULA *DON'T LET THE LIPSTICK FOOL YOU*.

NOMBRADA "JUGADORA NACIONAL DEL AÑO" EN EL ÚLTIMO AÑO DE LA UNIVERSIDAD, EN 1994.

8 VECES "JUGADORA ESTRELLA" DE LA WNBA.

SE PINTABA LOS LABIOS Y SE PEINABA ANTES DE LOS PARTIDOS PARA DEMOSTRAR QUE SE PUEDE SER FUERTE Y FEMENINA.

MIDE 1.98 M.

GANÓ EL ORO EN EL CAMPEONATO MUNDIAL FEMENIL DE LA FEDERACIÓN INTERNACIONAL DE HOCKEY SOBRE HIELO EN 1992 Y 1994.

GANÓ LA PLATA EN EL TORNEO OLÍMPICO DE HOCKEY EN 1998.

PRIMERA MUJER EN JUGAR EN LA LIGA NACIONAL DE HOCKEY.

"HAY GENTE QUE ME DICE 'MI HIJA QUIERE SER COMO TÚ, ERES UNA GRAN INSPIRACIÓN...' ESO ES QUIZÁ LO MÁS SATISFACTORIO: SABER QUE MI HISTORIA HA AYUDADO A OTROS". MANON RHÉAUME.

MANON RHÉAUME

PORTERA DE HOCKEY

Manon Rhéaume fue la primera mujer que jugó en la Liga Nacional de Hockey (NHL, por sus siglas en inglés). Los discos volaban hacia ella a cientos de kilómetros por hora, pero era experta en bloquearlos y tenía los moretones para demostrarlo. Nació en 1972 en Quebec, Canadá. Como muchos niños canadienses, practicó hockey desde pequeña. Su padre inundaba el jardín de la casa para hacer una pista de patinaje y,

a los 6 años, fue portera en el equipo de su hermano. Debido a que era una jugadora nata, poco después, jugó en el equipo varonil de la escuela. Al terminar la preparatoria, se convirtió en la primera mujer en jugar en un equipo juvenil de hombres en una liga menor de hockey.

Manon era una portera muy hábil y ruda. En un juego, un disco le golpeó la cara derribando su máscara de protección y haciéndole una herida sangrante en el ojo y nunca abandonó el hielo, defendió la portería hasta que el silbato sonó y pudieron coserla.

A los 20 años, la invitaron a un campamento de entrenamiento de un equipo nuevo, los Lightning de Tampa Bay. Muchos entrenadores pensaron que ella sólo estaba ahí para obtener publicidad, pero a Manon no le importó. Estaba lista para demostrar su valor y los demás jugadores no se lo pusieron fácil. Algunos le lanzaban los discos con toda su fuerza, avergonzados por no poder meterle goles a una portera. Ella jugó bien y se ganó un puesto en el equipo. De 1992 a 1997 fue la primera mujer que jugó en la NHL.

También Manon fue portera de la selección canadiense de hockey en el Campeonato Femenil, y ayudó a su equipo a ganar el oro en 1992 y 1994. Entre 1992 y 1997, estuvo con varios equipos de hockey profesional, incluidos los Knights de Atlanta, los Tiger Sharks de Tallahassee y los Renegades de Reno. En 1998 jugó otra vez con la selección en los Juegos Olímpicos y ganó la plata.

Manon trabajó en la empresa de patinaje Mission Hockey y en 2008 creó Manon Rhéaume Foundation para otorgar becas a chicas deportistas. Se convirtió en un ícono para las niñas de todo el mundo: al verla sobre el hielo, muchas se sintieron inspiradas para jugar hockey.

PARTICIPÓ EN JUEGOS DE CARIDAD DE LA NHL.

ESCRIBIÓ LA AUTOBIOGRAFÍA ALONE IN FRONT OF THE NET.

SU PADRE LA AYUDÓ A FABRICAR SU TRAJE PROTECTOR.

TAMBIÉN JUGÓ HOCKEY SOBRE PATINES.

A SUS 2 HIJOS LES ENCANTA JUGAR HOCKEY.

SU PRIMER EQUIPO JUVENIL FUE EL TROIS-RIVIÈRES DRAVEURS DE QUEBEC.

CONSIDERADA UNA DE LAS MEJORES JUGADORAS DE PING-PONG DE LA HISTORIA.

GANÓ 4 MEDALLAS DE ORO OLÍMPICAS.

NOMBRADA LA "ATLETA CHINA DEL SIGLO".

"LA FUERZA ES LA CLAVE DEL ÉXITO. TRAS AÑOS DE PLANEACIÓN, ESTUDIO Y TRABAJO, ME HE DADO CUENTA DE QUE LA ÚNICA MANERA DE MOSTRAR MI VALOR Y GANARME EL RESPETO ES A TRAVÉS DE LA FUERZA". DENG YAPING.

DENG YAPING

JUGADORA DE PING-PONG

CLASIFICADA 8 AÑOS COMO LA "JUGADORA DE PING-PONG NÚMERO 1".

JUGÓ PING-PONG CON UNA CUCHARA DE MADERA EN LUGAR DE UNA RAQUETA.

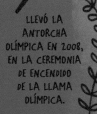

LLEVÓ LA ANTORCHA OLÍMPICA EN 2008, EN LA CEREMONIA DE ENCENDIDO DE LA LLAMA OLÍMPICA.

Deng Yaping nació en 1973 en la provincia de Henan, China. Empezó a jugar *ping-pong* a los 5 años y poco después comenzó a ganar torneos juveniles provinciales; a los 13 años ya había ganado el Campeonato Nacional. A pesar de sus habilidades, la comunidad deportiva no la tomó en serio porque medía 1.49 m, y fue descalificada arbitrariamente de la selección nacional china. Pero con su gran agilidad y su velocidad de rayo, continuó ganando partidos de *ping-pong* hasta que, en 1988, ya no pudieron negarle un lugar en el equipo. En 1989 fue campeona mundial de dobles y en 1991 campeona individual.

En las Olimpiadas de 1992, Deng Yaping ganó el oro en dobles e individual. El partido individual fue una batalla tensa y emocionante entre ella y su compañera de dobles Qiao Hong. Ambas jugadoras eran muy talentosas, pero Deng Yaping salió victoriosa con un marcador de 23-21.

En 1995 y 1997 Deng Yaping se coronó campeona mundial de dobles e individuales otra vez. En 1996 ganó 2 oros olímpicos más, uno en dobles y otro en el torneo individual. Ningún hombre o mujer en la historia del *ping-pong* ha ganado tantos títulos mundiales. Ella siempre ha dicho que su fuerza es la clave de su éxito.

En 1997, a los 24 años, Deng Yaping decidió retirarse con más títulos que ningún jugador de *ping-pong* en la historia. Ese año fue electa para ingresar a la Comisión Atlética del Comité Olímpico Internacional; y después participó en la organización de las Olimpiadas de 2008 en Pekín.

Cuando dejó de competir, su educación fue su prioridad: estudió en China y en Europa, obtuvo la licenciatura en la Universidad de Tsinghua, la maestría en la Universidad de Nottingham y el doctorado en la Universidad de Cambridge.

Deng Yaping probó que, sin importar la altura, se puede ser muy fuerte. Le demostró a China y al mundo que el talento y la determinación son las únicas cualidades necesarias para ser una campeona.

GANÓ 18 CAMPEONATOS MUNDIALES.

LA FINAL INDIVIDUAL OLÍMPICA DE 1992 FUE UN JUEGO ACALORADO CONTRA SU COMPAÑERA DE DOBLES. DENG YAPING GANÓ 23-21.

SUS COMPAÑERAS DE DOBLES FUERON QIAO HONG Y A YANG YING.

MIEMBRO DEL PARLAMENTO ITALIANO.

6 VECES CAMPEONA OLÍMPICA EN LA PRUEBA DE FLORETE.

GANÓ 16 MEDALLAS DE ORO MUNDIALES.

"MI FLORETE HA ESTADO CONMIGO DESDE QUE TENÍA POCO MÁS DE 6 AÑOS Y JUNTOS HEMOS COMPARTIDO EMOCIONES, DECEPCIONES, MEDALLAS, INFORTUNIOS Y LÁGRIMAS DE FELICIDAD Y TRISTEZA". VALENTINA VEZZALI.

VALENTINA VEZZALI

ESGRIMISTA

Maria Valentina Vezzali nació en 1974, en Iesi, Italia. Cuando tenía 6 años comenzó a entrenar esgrima en una escuela local. Existen 3 tipos de armas para la esgrima: el florete, la espada y el sable. Valentina usaba el florete, eso significa que ella podía sumar puntos con sólo tocar el torso de su oponente con la punta de su espada. A los 10 años, ganó su primer título nacional en la división infantil.

Valentina nunca se conformó con ganar, quería ser la mejor. Tras cada victoria se fijaba un nuevo reto, otro objetivo a conquistar. En 1996 hizo su debut olímpico y ganó 2 medallas, 1 de oro en el torneo por equipos y 1 de plata en el individual. Para algunos, esto sería suficiente, pero no para ella, quien fijó metas más altas y trabajó hasta convertirse en una de las mejores esgrimistas del mundo.

En 1999 ganó su primer título individual en el Campeonato Mundial de Esgrima. Al año siguiente, cumplió su sueño de ganar el oro tanto en la categoría por equipos como en la individual en los Juegos Olímpicos de 2000; y, en 2004, volvió a ganar el oro olímpico en la categoría individual con florete. Los Juegos de 2008 marcaron su primera participación como madre, y al ganar otra medalla de oro individual, y la de bronce con su equipo, le mostró al mundo que la maternidad y el deporte no están peleados.

Valentina quería ser la mejor y todas sus medallas fueron legendarias. Es la única esgrimista que ha ganado 3 medallas de oro individuales en 3 Juegos Olímpicos consecutivos. Asimismo, en los Juegos de Londres en 2012, ganó otra medalla de bronce y de oro, de este modo logró ser la esgrimista más condecorada de la historia. Además, ha ganado una impresionante cantidad de medallas y títulos en muchos otros eventos internacionales de esgrima.

A lo largo de su carrera, Valentina ha participado en varias organizaciones de beneficencia, como en la campaña Run for Food y el proyecto #1billionhungry, que buscan acabar con el hambre en el mundo. Además, decidió convertirse en defensora del deporte en la esfera política y, en 2013, fue electa diputada en la Cámara del Parlamento italiano. Se retiró de la esgrima en 2016 como una leyenda deportiva.

LA ESGRIMA SURGIÓ COMO ENTRENAMIENTO PARA LOS DUELOS EN EL SIGLO XIX.

RESPETO A MIS OPONENTES.

PIENSA QUE LOS POLÍTICOS DEBERÍAN JUGAR MÁS LIMPIO.

LE ENSEÑÓ ESGRIMA EZIO TRICCOLI, QUIEN APRENDIÓ EN UN CAMPO DE PRISIONEROS EN LA SEGUNDA GUERRA MUNDIAL.

A VECES CANTA PARA ELLA O LE REZA A SU PADRE ANTES DE COMPETIR.

YUNGA
ALIANZA MUNDIAL DE LA JUVENTUD Y LAS NACIONES UNIDAS

SE CONVIRTIÓ EN EMBAJADORA DE YUNGA EN 2009.

ROMPIÓ EL RÉCORD MUNDIAL DE VELOCIDAD EN NAVEGACIÓN INDIVIDUAL.

CON SU FUNDACIÓN PROMUEVE LA SUSTENTABILIDAD Y LA ECONOMÍA CIRCULAR.

FUE LA PERSONA MÁS JOVEN NOMBRADA "DAMA COMANDANTE DEL IMPERIO INGLÉS".

"ESTE MUNDO, QUE DE NIÑA CREÍA QUE ERA EL MÁS GRANDE Y CON MÁS AVENTURAS QUE PODÍA IMAGINAR, NO ES TAN GRANDE Y HAY UN MONTÓN DE NOSOTROS EN ÉL". ELLEN MACARTHUR.

ELLEN MACARTHUR

NAVEGANTE DE LARGA DISTANCIA

DE NIÑA LE GUSTABAN LOS LIBROS SOBRE NAVEGACIÓN.

EN 1995 GANÓ EL PREMIO AL NAVEGANTE JOVEN DEL AÑO.

INFLUYÓ A QUE GRANDES EMPRESAS COMO CISCO, BT, RENAULT Y PHILIPS ADOPTARAN LA ECONOMÍA CIRCULAR.

SU PADRE LE ENSEÑÓ A RECOLECTAR PLANTAS COMESTIBLES.

CREÓ LA ORGANIZACIÓN ELLEN MACARTHUR CANCER TRUST PARA QUE LOS NIÑOS CON CÁNCER PUEDAN DISFRUTAR LA EXPERIENCIA DE NAVEGAR.

EN LA ADOLESCENCIA TRABAJÓ EN LA ESCUELA NÁUTICA DE DAVID KING.

Ellen Patricia MacArthur nació en Inglaterra en 1976. La primera vez que se subió a un bote tenía 4 años y, a los 8, empezó a ahorrar para comprar su propio bote. Sus padres siempre le dieron libertad y apoyo para ir en busca de aventuras, incluso cuando decidió navegar los mares más peligrosos del mundo. A los 18, Ellen ya había obtenido la certificación de navegación; y ese año navegó sola alrededor de Reino Unido. En 1996 participó en una carrera por el Atlántico desde Canadá hasta Francia y llegó en tercer lugar. Aquello fue todo un logro, pero ella quería convertirse en la persona más rápida en el mar.

23 M DE ALTO

EL BOTE DE ELLEN CON EL QUE NAVEGÓ ALREDEDOR DEL MUNDO.

MULTICASCO

El objetivo de Ellen fue hacer un viaje en vela, sin escalas, alrededor del mundo, intentando por romper el récord mundial de Francis Joyon: 72 días, 22 horas, 54 minutos y 22 segundos. La navegación en solitario puede ser increíblemente peligrosa, pero ella no tenía miedo de probar sus propios límites. En 2004 izó velas desde Inglaterra y comenzó a romper récords de velocidad hasta el ecuador, el Cabo de Buena Esperanza y el Cabo Leeuwin de Australia. Pero no todo fue mar en calma: se quemó un brazo mientras cambiaba generadores y se fue quedando atrás para superar el récord una vez que cruzó el ecuador. Sin embargo, con trabajo duro y determinación, finalmente rompió el récord mundial de navegación alrededor del mundo, con un tiempo de 71 días, 14 horas, 18 minutos y 33 segundos. ¡Ellen era la persona más veloz en el mar!

Se retiró de la navegación en 2009 para concentrarse en obras de caridad. En 2010 creó una fundación con su nombre para promover la "economía circular"; es decir, reusar y reciclar en lugar de crear nuevos productos que terminan en la basura. Se inspiró en su experiencia en el mar y los recursos que utilizó en el viaje, pues ahí la supervivencia depende de usar sólo lo esencial y reusar todo lo posible. Ahora trabaja con ahínco para convencer a las empresas de cambiar sus métodos y de implantar en la economía global los mismos principios que usaba en su bote. Su récord de viaje en solitario ya fue superado, pero ella rompió barreras y ahora lucha por un futuro más sustentable.

EQUIPOS DEPORTIVOS INFLUYENTES

En equipo, las deportistas pueden llegar a grandes multitudes y alcanzar nuevas metas. Éstos son sólo algunos de los equipos femeniles más impresionantes que han cambiado la historia.

BLOOMER GIRLS, 1866

LAS TIGERBELLES DE LA UNIVERSIDAD ESTATAL DE TENNESSEE, EUA, 1950 Y 1960

Dos décadas antes del Título IX de las Enmiendas de Educación y casi sin ningún apoyo económico, el equipo de atletismo de las Tigerbelles incorporó a algunas de las mejores atletas de la historia. Durante los años 50, 60 y principios de los 70, la Universidad de Tennessee fue el lugar de entrenamiento de muchas mujeres que hoy están en el Salón Nacional de la Fama de Atletismo. Los equipos estaban conformados por algunas de las personas más sobresalientes del atletismo, entre ellas, Chandra Cheeseborough, Wilma Rudolph y Wyomia Tyus. Su entrenador, Edward Temple, fue un apoyo fundamental para alentar y formar su talento. Gracias a este entrenamiento, 40 corredoras de las Tigerbelles se convirtieron en atletas olímpicas. Si bien no eran las favoritas, le demostraron al mundo de lo que son capaces las mujeres.

Desde 1866 las mujeres estadunidenses jugaron beisbol en equipos conocidos como Bloomer Girls, los cuales se hicieron populares en la década de 1890. Aunque sus equipos eran mixtos, sólo tenían 1 o 2 jugadores hombres. Viajaban por todo Estados Unidos retando a los equipos locales de diversas ciudades. Estos equipos itinerantes dieron lugar a la creación de la primera Liga Profesional de Beisbol Femenil en 1943 y a muchos de los equipos de mujeres que existen hoy.

SELECCIÓN FEMENINA DE FUTBOL DE ESTADOS UNIDOS, 2015

LAS MUJERES DEL EQUIPO OLÍMPICO DE REFUGIADOS, 2016

En 2015 la final de la Copa Mundial Femenil de la FIFA, entre Estados Unidos y Japón, fue el juego de futbol más visto de todos los tiempos en Estados Unidos. La victoria de las estadunidenses le mostró al mundo la fuerza y habilidad de las mujeres de ese país. La audiencia del partido, más de 23 millones de personas, superó a la de la final legendaria de la Copa Mundial Femenil de 1999.

Además, la selección femenina de EUA ha dado importantes pasos hacia la equidad salarial. Cuando el equipo femenil clasificó como número 1 del mundo y se calculaba que tendría 17 millones de dólares en ganancias en 2017, las jugadoras seguían recibiendo miles de dólares menos que el equipo varonil, que no obtenía ganancia alguna. Entonces las jugadoras hicieron públicas estas diferencias salariales y, en 2016, el Senado de Estados Unidos se puso de su lado y de forma unánime votó a favor de una resolución para "eliminar las diferencias salariales entre hombres y mujeres y apoyar a todos los atletas con la misma dignidad y respeto". Aunque esta resolución no es una ley en el futbol, es un gran paso para presionar a la FIFA a cumplir con la Ley de Igualdad Salarial.

En 2016 los Juegos Olímpicos incluyeron al primer equipo de refugiados de la historia. Sus 10 integrantes tuvieron que huir de sus países natales porque estaban en riesgo de morir. Sin ciudadanía, estos atletas compitieron bajo la bandera olímpica.

El equipo incluía a las corredoras Anjelina Nadai Lohalith y a Rose Nathike Lokonyen, quienes escaparon de la violenta guerra de Sudán del Sur. La judoca Yolande Bukasa Mabika también formó parte del equipo, cuando ella era niña, en la guerra de República Democrática del Congo, la separaron de sus padres y luego tuvo que escapar de su abusivo entrenador de judo, hoy reside en Brasil como refugiada. La última mujer en el equipo de refugiados fue la nadadora Yusra Mardini, quien, junto con su familia, escapó de los constantes bombardeos y ataques terroristas en Siria. Cuando el motor del barco en el que escapaban se detuvo a mitad del Mediterráneo, Yusra, su hermana y dos personas más se lanzaron al agua helada y empujaron el barco durante horas hasta que llegaron a salvo a Grecia.

Cada una de estas valientes atletas le ha demostrado al mundo lo fuertes que son y su ejemplo ha servido de plataforma para crear conciencia sobre la situación de los refugiados.

HA GANADO 3 VECES EL CAMPEONATO MUNDIAL DE PARATRIATLÓN DE LA ITU.

GANÓ LA MEDALLA DE BRONCE EN LOS JUEGOS PARALÍMPICOS DE 2016.

VETERANA DEL EJÉRCITO ESTADUNIDENSE, RECIBIÓ LA ESTRELLA DE BRONCE Y EL CORAZÓN PÚRPURA EN 2005.

"TENEMOS EL PODER DE ELEGIR NUESTRA HISTORIA... QUIERO SER CONOCIDA COMO ALGUIEN QUE CONVIRTIÓ ALGO MUY TRÁGICO EN UN TRIUNFO". MELISSA

MELISSA STOCKWELL

PARATLETA Y OFICIAL DEL EJÉRCITO ESTADUNIDENSE

Melissa Stockwell fue teniente del ejército estadunidense en la Guerra de Irak. A los 24 años quedó atrapada durante la explosión de una bomba en una carretera rumbo a Bagdad; para salvarle la vida, los médicos tuvieron que amputarle una pierna.

Melissa nació en Michigan, EUA, en 1980. Antes de servir en el ejército de su país, soñaba con representar a Estados Unidos como atleta olímpica. En 2005, después del accidente, se retiró del ejército. Con una sola pierna, tuvo que aprender a caminar de nuevo con una prótesis y decidir qué hacer con su vida. Finalmente pudo caminar, correr, nadar, andar en bicicleta e incluso aprendió a esquiar como parte del Proyecto Guerrero Herido. Tras bajar esquiando una montaña en Colorado, se dio cuenta de que podía convertirse en campeona deportiva.

En su rehabilitación en el Centro Médico Militar Walter Reed, conoció los Juegos Paralímpicos. Su sueño de ser atleta olímpica todavía podía ser realidad ¡como paratleta! Disfrutaba mucho las sesiones de natación de su rehabilitación y pensó que podría mejorar su velocidad para entrar al equipo paralímpico estadunidense. En el Centro de Entrenamiento Olímpico de Estados Unidos, con la ayuda de su entrenador Jimi Flowers, entró al equipo de natación y compitió en los Juegos Paralímpicos de Pekín en 2008.

Después recibió una invitación para competir en un paratriatlón. Los triatlones son difíciles, Melissa no sólo debía trabajar en su resistencia; sino también practicar quitándose la prótesis para poder nadar y luego colocarse otra prótesis especial de ciclismo: todo esto cuenta en el tiempo final. En 2009 completó su primer triatlón de la misma distancia que la prueba olímpica, ganó el Campeonato Mundial de la Unión Internacional de Triatlón (ITU, por sus siglas en inglés) y obtuvo de nuevo el oro en 2011 y 2012. En 2016, en su primer triatlón paralímpico, ganó el bronce y cumplió su sueño de estar en el podio olímpico.

Melissa Stockwell transformó el obstáculo más grande de su vida en una oportunidad. Ha alcanzado metas más allá de sus sueños, sigue entrenando y trabaja duro para brindar oportunidades a atletas discapacitados a través del club de paratriatlón Dare2Tri, del cual es cofundadora.

NOMBRADA "PARATLETA DEL AÑO" EN 2010 Y EN 2011 POR PARTE DE TRIATLÓN EUA.

CORRIÓ CON UNA BANDERA ESTADUNIDENSE EN LA CEREMONIA DE CLAUSURA DE LAS OLIMPIADAS DE 2008.

HA TRABAJADO COMO TÉCNICA ORTOPÉDICA.

GANÓ EL PREMIO AL VALOR MILDRED "BABE" DIDRIKSON ZAHARIAS EN 2014.

ESTÁ INVOLUCRADA EN EL PROYECTO GUERRERO HERIDO Y CON LA CHALLENGED ATHLETES FOUNDATION, PARA AYUDAR A AMPUTADOS RECIENTES.

DIO A LUZ A SU HIJO EN 2014.

DESDE 2006 HA GANADO 4 OROS OLÍMPICOS Y 22 TÍTULOS DE GRAND SLAM.

ÚNICA JUGADORA EN ALCANZAR UN GRAND SLAM TANTO EN INDIVIDUAL COMO EN DOBLES.

COMPLETÓ EL "SERENA SLAM" EN 2003 AL GANAR 4 TÍTULOS CONSECUTIVOS DE GRAND SLAM.

"UN CAMPEÓN SE DEFINE NO POR LAS VICTORIAS, SINO POR CÓMO SE RECUPERA DE LAS DERROTAS". SERENA WILLIAMS

SERENA WILLIAMS

TENISTA

¡HERMANAS Y MEJORES AMIGAS!

VIVIÓ CON SU HERMANA VENUS DURANTE 30 AÑOS Y ¡LE ENCANTABA!

LE GUSTA EL KARAOKE.

EL FONDO SERENA WILLIAMS LUCHA POR BRINDAR ACCESO IGUALITARIO A LA EDUCACIÓN EN EL MUNDO.

"DEPORTISTA DEL AÑO" DE SPORTS ILLUSTRATED EN 2015.

HA APARECIDO EN VARIOS PROGRAMAS DE TELEVISIÓN, PELÍCULAS Y PORTADAS DE REVISTAS.

PARA SU DEBUT EN LA CANCHA, SU MADRE PEINÓ A LAS HERMANAS CON LAS CARACTERÍSTICAS TRENZAS CON CUENTAS DE COLORES.

Serena Jameka Williams nació en Michigan, EUA, en 1981. Luego su familia se mudó a Compton, California, en donde ella y su hermana mayor, Venus, aprendieron a jugar tenis. Su padre soñaba con que sus hijas se convirtieran en las mejores jugadoras de tenis, y comenzó a entrenarlas en una cancha pública cuando ellas tenían 4 y 5 años, y siguió haciéndolo toda su carrera. En 1990 se mudaron a Florida para que ellas pudieran entrenar en serio. Al principio, Venus era la jugadora prodigio y la estrella; Serena aún no tenía el poderoso saque por el que es conocida hoy, pero adoraba a su hermana mayor y quería ser como ella.

Serena jugó su primer torneo profesional a los 14 años, cuando Venus ya era una súper estrella del tenis; sin embargo, Serena alcanzó a su hermana en sólo 4 años y ganó su primer título en el Abierto estadunidense en 1999. En las Olimpiadas de 2000, las hermanas hicieron equipo para jugar en la categoría de dobles y consiguieron el oro. De 1999 a 2001 se llevaron todos los títulos de Grand Slam de dobles; y con esto, más el oro olímpico, lograron el Grand Slam en su carrera. Así se convirtieron en súper estrellas internacionales.

En 2003 Serena fue clasificada como la número 1 del mundo al ganar 4 títulos de Grand Slam: en 2002 el Abierto de Francia, Wimbledon y el Abierto de Estados Unidos y, en 2003, el Abierto de Australia, lo cual se conoce cariñosamente como el "Serena Slam". Ella siguió dominando la categoría individual y se unió a Venus para ganar múltiples títulos de Grand Slam y otros torneos importantes.

En 2010 una serie de lesiones la alejaron de las canchas, entre ellas, unos coágulos de sangre en los pulmones que, de no ser tratados, podían ser fatales. Tras permanecer en cama, tuvo que volver a empezar el entrenamiento, pero en 2011 protagonizó uno de los mejores regresos en la historia del deporte: sus 2 oros olímpicos en individuales y dobles en 2012, dieron paso a su segundo Grand Slam en su carrera, esta vez en la categoría individual. En 2013 de nuevo era la número 1 del mundo.

Serena tiene 23 títulos de Grand Slam hasta la fecha y esta cifra sigue creciendo. Es una gladiadora, un ejemplo, un ícono de la moda y una filántropa que ha inspirado al mundo.

PRIMERA Y ÚNICA MUJER EN GANAR UNA CARRERA DE INDYCAR.

PRIMERA MUJER EN ENCABEZAR LAS VUELTAS EN LA CARRERA INDIANÁPOLIS 500.

TIENE EL RÉCORD DE MÁS CARRERAS CONSECUTIVAS TERMINADAS EN LA INDY RACING LEAGUE.

"NO TRATES DE SER COMO ALGUIEN MÁS PORQUE NO SE PODRÁ. TÚ TIENES TU PROPIO CAMINO Y ESO ES LO QUE TE HACE ÚNICA Y LO QUE TE HACE INTERESANTE" DANICA PATRICK.

DANICA PATRICK

PILOTO DE AUTOMOVILISMO

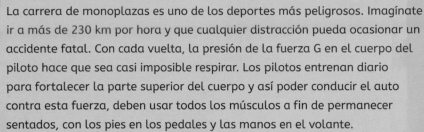

La carrera de monoplazas es uno de los deportes más peligrosos. Imagínate ir a más de 230 km por hora y que cualquier distracción pueda ocasionar un accidente fatal. Con cada vuelta, la presión de la fuerza G en el cuerpo del piloto hace que sea casi imposible respirar. Los pilotos entrenan diario para fortalecer la parte superior del cuerpo y así poder conducir el auto contra esta fuerza, deben usar todos los músculos a fin de permanecer sentados, con los pies en los pedales y las manos en el volante.

Danica Sue Patrick nació en 1982 y creció en Wisconsin, EUA. A los 10 años, empezó a correr go-karts y de inmediato chocó contra una pared. Aturdida pero no desalentada, pronto estuvo lista para intentarlo de nuevo: en 1994, 1996 y 1997 ganó el Campeonato Nacional de la Asociación Mundial de Kart; a los 16, recibió un patrocinio para entrenar en Europa y competir en la Serie Nacional Inglesa; y en el 2000 fue la estadunidense más exitosa de la historia en la carrera Fórmula Ford Británica, al llegar en segundo lugar.

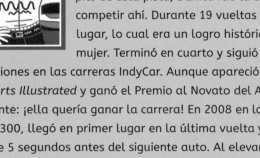

Luego, en 2005, firmó con el equipo Rahal Letterman y compitió en la famosa carrera Indianápolis 500. Treinta años antes, a las mujeres no les permitían ni siquiera entrar a los *pits* de esta pista, Danica fue la cuarta mujer en competir ahí. Durante 19 vueltas fue en primer lugar, lo cual era un logro histórico para una mujer. Terminó en cuarto y siguió teniendo buenas actuaciones en las carreras IndyCar. Aunque apareció en la portada de *Sports Illustrated* y ganó el Premio al Novato del Año, eso no era suficiente: ¡ella quería ganar la carrera! En 2008 en la carrera Indy Japón 300, llegó en primer lugar en la última vuelta y cruzó la meta más de 5 segundos antes del siguiente auto. Al elevar la bandera cuadriculada, se convirtió en la primera mujer en ganar una IndyCar. Las carreras de monoplazas nunca serían las mismas.

En 2010 Danica entró al mundo NASCAR, el cual le recordaba los go-karts de cuando era niña y le brindó más audiencia. Hoy es una de las atletas estadunidenses más famosas. En 2012 dejó la categoría IndyCar para correr autos de línea en NASCAR y sigue encabezando las vueltas, rompiendo récords y mostrándole al mundo que las carreras de autos también son para las mujeres.

PRIMERA MUJER EN SUBIR AL PÓDIUM EN LA SERIE TOYOTA ATLANTIC EN 2004.

PRIMERA MUJER EN GANAR EL PRIMER LUGAR EN LA SERIE SPRINT CUP EN 2013.

EL YOGA ES PARTE DE SU RUTINA DE ENTRENAMIENTO.

PRIMERA MUJER EN ENCABEZAR UNA CARRERA NASCAR BAJO LA BANDERA VERDE.

HA APARECIDO EN 13 ANUNCIOS DEL SUPER BOWL.

NOMBRADA LA "CORREDORA MÁS POPULAR DE LA LIGA INDY" ENTRE 2005 Y 2007.

PRIMERA CAMPEONA DE BOX FEMENIL TANTO EN OLIMPIADAS COMO EN JUEGOS DE LA MANCOMUNIDAD.

PRIMERA MUJER EN GANAR UNA MEDALLA OLÍMPICA EN BOXEO.

MIEMBRO DE LA ORDEN DEL IMPERIO BRITÁNICO.

"LA GENTE [DE HOY] NO SE FIJA EN SI ERES HOMBRE O MUJER. AHORA CUANDO ME VEN BOXEAR SÓLO VEN A UNA BUENA BOXEADORA". NICOLA ADAMS.

NICOLA ADAMS

BOXEADORA

Nicola Adams nació en 1982 y creció en Inglaterra. Durante 116 años, el boxeo femenil se consideró "incorrecto", "poco femenino" y "peligroso", hasta 1996 dejaron de prohibir que las mujeres boxearan y la Asociación Inglesa de Box Amateur poco a poco abrió sus puertas a todos. Por fortuna para el mundo del boxeo, ese año, Nicola descubrió este deporte y decidió convertirse en la mejor boxeadora de las Olimpiadas. Aunque en ese momento las competencias de boxeo olímpico todavía no estaban abiertas para las mujeres y Nicola era la única chica en su programa de box, ella sabía que con trabajo duro sería capaz de lograr su sueño.

Ser campeona de boxeo no fue fácil, ni física ni económicamente. Por ser mujer, los patrocinadores no estaban interesados en Nicola; su madre, quien siempre la apoyó, a menudo trabajaba hasta la media noche para pagar los gastos, y Nicola también trabajó para pagar las competencias y los viajes. No obstante, en 2007, fue la primera mujer en ganar un torneo importante de box: obtuvo el segundo lugar en el Campeonato Europeo y al año siguiente volvió a ganar la medalla de plata en el Campeonato Mundial.

En 2009 Nicola se cayó por las escaleras mientras iba camino a una pelea relevante; pero no se detuvo: aun con una fractura en la columna vertebral, logró la victoria. Desafortunadamente, la lesión la obligó a guardar cama tres meses y casi termina con su carrera deportiva. Sin embargo, un año después regresó al cuadrilátero y ganó la plata en el Campeonato Mundial de 2010, y en 2012 obtuvo otra vez la plata en este evento. En 2011 ganó el Campeonato de la Unión Europea y clasificó para competir en 2012 en la primera competencia de box femenil en la historia de las Olimpiadas.

La Olimpiada de 2012 fue para muchos la primera vez que veían a una mujer boxeando. La pelea entre Nicola Adams y Ren Cancan de China fue muy intensa, las dos golpeaban muy fuerte y a la velocidad de la luz. Los poderosos golpes de Nicola dieron en el blanco y fue la primera mujer en la historia del boxeo en ganar una medalla olímpica.

Nicola ha inspirado a muchas niñas a boxear: ya no es la única mujer en el gimnasio. En 2016 ganó el título del Campeonato Mundial y, en las Olimpiadas de Río de Janeiro, se llevó otro oro y cumplió el sueño de su vida por segunda vez.

EN 2015 GANÓ EL TÍTULO DE BOXEO EN LOS JUEGOS EUROPEOS.

ACTUÓ COMO EXTRA EN VARIAS TELENOVELAS INGLESAS.

EMBAJADORA DE LUCHA POR LA PAZ.

ES ABIERTAMENTE BISEXUAL Y ES UN MODELO NACIONAL PARA LA COMUNIDAD LGBTT DE REINO UNIDO.

¡NO!

EL CONSEJO DE CONTROL DE BOXEO INGLÉS NO ENTREGÓ LICENCIAS PARA PELEAR A LAS MUJERES HASTA 1998, PUES PENSABAN ERRÓNEAMENTE QUE EL SÍNDROME PREMENSTRUAL LAS HARÍA EMOCIONALMENTE INESTABLES.

CLASIFICADA "BATEADORA NÚMERO 1" EN ONE-DAY INTERNATIONAL.

CAPITANA DEL EQUIPO INDIO DE CRÍQUET.

HIZO 214 CORRIDAS EN 2002, ROMPIENDO EL RÉCORD PREVIO.

"ME ENCANTA INTERACTUAR CON LOS JÓVENES Y SI PUEDO MOTIVAR SIQUIERA A ALGUNOS, ME SENTIRÉ BENDECIDA". MITHALI RAJ.

MITHALI RAJ

JUGADORA DE CRÍQUET

Mithali Raj nació en 1982 en Rajasthan, India. De niña amaba el ballet clásico, pero su padre consideró que la disciplina del críquet le haría bien. Al inicio extrañaba bailar, pero su talento como bateadora era innegable, después se convirtió en líder de este deporte y también lo amó. A menudo comparado con el beisbol, el críquet se juega en un campo ovalado con un área de picheo de 20 m de largo. En lugar de bases, hay 2 postigos en lados opuestos. Los boleadores lanzan la bola para intentar derribar los postigos, mientras el bateador intenta pegarle con fuerza a la bola. Una vez que se golpea la bola, 2 bateadores corren cambiando de lado tan rápido como pueden antes de que el equipo contrario tire sus postigos.

Mithali es una bateadora fuerte, rápida y hábil. A los 14 años, fue primera suplente en la Copa Mundial. En 1999 jugó su primer Juego Internacional One-Day contra Irlanda, y anotó 114 corridas. A los 19, rompió el récord con 214 corridas en un juego de prueba contra Inglaterra. Continuó siendo la mejor bateadora de la India y fue nombrada capitana del equipo.

En la India los tradicionales roles de género todavía limitan las oportunidades de las mujeres. Muchas de sus compañeras crecieron sin el equipo deportivo necesario y sin el apoyo de sus familias. Mithali sabía que ellas debían ganar para aumentar su visibilidad y el presupuesto del equipo. Así que en 2005 llevó a su selección a la final de la Copa Mundial, donde perdieron contra Australia; pero en 2006 lograron su primera victoria en la serie de prueba y luego ganaron la Copa de Asia. En 2012 Mithali fue nombrada "Bateadora número 1 de críquet One-Day".

Después la selección india enfrentó varios fracasos, incluyendo una devastadora derrota en la Copa Mundial de 2013. Pero Mithali se esforzó mucho para llevar al equipo indio a la cima y recuperar el respeto del público. Por su gran trabajo, fue la primera mujer en ganar el Premio Wisden India of the Year en 2015. Ese año recibió el Padma Shri, uno de los galardones civiles más importantes de la India.

Mithali aún es capitana de la selección india y lucha por la igualdad de género y por crear más oportunidades en el deporte para las mujeres. Es un ejemplo a seguir en la India y en el mundo entero.

SEGUNDA BATEADORA EN SUMAR 5000 CARRERAS EN LOS JUEGOS INTERNACIONALES ONE-DAY.

AL PRINCIPIO, SU FAMILIA EXTENDIDA NO APOYÓ QUE JUGARA CRÍQUET PORQUE NO ERA "FEMENINO".

LUCHA POR QUE SE TELEVISE MÁS EL CRÍQUET FEMENIL.

PARTICIPÓ EN LOS JUEGOS NACIONALES DE HYDERABAD AL PRINCIPIO DE SU CARRERA.

RECIBIÓ EL PREMIO ARJUNA DE PARTE DEL GOBIERNO INDIO EN 2003.

ALIENTA A LAS NIÑAS A ESTUDIAR Y A SER ECONÓMICAMENTE INDEPENDIENTES DE LOS HOMBRES.

TIENE MÁS DE 70 VICTORIAS EN TODA SU CARRERA.

GANÓ EL ORO EN LA PRUEBA DE MEDIO-TUBO EN LAS OLIMPIADAS DE 2002 Y BRONCE EN 2010 Y 2014.

GANÓ 7 MEDALLAS EN LOS X GAMES.

"NUNCA HE SIDO BUENA PARA CONTENERME. NUNCA HE SIDO BUENA PARA IR POR LO SEGURO... HAY PERSONAS MEJORES QUE YO EN LA VIDA. YO SÓLO ME ESFUERZO MUCHO". KELLY CLARK.

KELLY CLARK

SNOWBOARDER

Kelly Clark nació en 1983 y creció jugando en las nevadas montañas de Vermont, EUA. Comenzó a esquiar a los 2 años y a los 7 ya hacía *snowboard*. Su talento la llevó a la Academia de Esquí de Montaña en donde entrenaba mientras estudiaba la preparatoria. Kelly se volvió la *snowboarder* más medallera —tanto de hombres como de mujeres— en la historia de este deporte.

En la modalidad de medio-tubo, la velocidad es la clave del éxito: entre más rápido vayas, más alto vuelas, y más acrobacias increíbles puedes hacer. Kelly requirió de mucha amplitud (velocidad) para destacar en este deporte dominado por los hombres. Era temeraria y se atrevía a saltar más alto y a realizar acrobacias más vistosas que los competidores hombres. Esto dio resultado: en 2001 ganó su primer título del Grand Prix.

En 2002 Kelly estremeció al mundo del *snowboard* al obtener el oro en los X Games y las Olimpiadas, y al ganar el título global del Grand Prix. Así cumplió su sueño de infancia de ser campeona olímpica. Después, comenzó una gira mediática: las cámaras y diarios no tenían suficiente de esta nueva campeona.

En 2006 se esperaba que Kelly defendiera su título olímpico. Pero asistir a tantas entrevistas y participar en las campañas de los patrocinios se interpusieron en su entrenamiento. Aunque ganó el oro en los X Games de 2006, no estaba preparada para las Olimpiadas y llegó en cuarto lugar. Estaba devastada, pero persistió: entrenó más duro que nunca para volver a subir al pódium olímpico.

En las Olimpiadas de 2010, se cayó en su primer intento en la final; sin embargo, no dejó que eso la desanimara. Tenía más oportunidades, así que sorprendió a los jueces con acrobacias y aterrizajes perfectos, y ganó el bronce. Estaba más orgullosa de esta medalla que del oro olímpico, debido al trabajo y disciplina que requirió para conseguirla.

En 2013 ganó la competencia número 60 de su carrera e impuso un nuevo récord en *snowboard*. En 2014 se llevó otra medalla olímpica de bronce. Entre 2002 y 2016 obtuvo 7 medallas de oro en los X Games y 8 títulos en el Abierto de Estados Unidos, por nombrar sólo algunos de sus logros. El mundo espera ver lo que hará a continuación.

EN 2011 SE CONVIRTIÓ EN LA PRIMERA MUJER EN ATERRIZAR DESPUÉS DE UN GIRO DE 180° EN UNA COMPETENCIA.

RECIBIÓ EL PREMIO ESPY EN 2002 Y 2015.

CREÓ LA KELLY CLARK FOUNDATION, QUE ENTREGA BECAS PARA JÓVENES ATLETAS DE SNOWBOARD.

GRABÓ LA PRIMERA COMPETENCIA OLÍMPICA DE SNOWBOARD PARA PODER VERLA DESPUÉS DE LA ESCUELA.

EN VERMONT, SU CIUDAD NATAL, PINTARON EL QUITANIEVES DE DORADO CUANDO GANÓ EL ORO OLÍMPICO.

HA GANADO 5 TÍTULOS DE SNOWBOARD Y 6 DEL GRAND PRIX ESTADUNIDENSE.

GANÓ LAS MEDALLAS DE ORO Y BRONCE EN LOS JUEGOS OLÍMPICOS DE 2010.

TIENE EL RÉCORD DE 16 COPAS MUNDIALES GANADAS HASTA LA FECHA.

PRIMERA ESQUIADORA EN GANAR 20 GLOBOS DE CRISTAL EN LA COPA DEL MUNDO.

"SI NO TE CAES, ALGO ESTÁS HACIENDO MAL". LINDSEY VONN.

LINDSEY VONN

ESQUIADORA

Lindsey Caroline Kildow nació en 1984, en Minnesota, EUA. Comenzó a esquiar de pequeña y, a los 9 años, ya competía a nivel internacional. Cuando tenía 11, su familia se mudó a Colorado para apoyarla en su entrenamiento de esquí.

A los 17 años, Lindsey compitió en los Juegos Olímpicos de 2002 y alcanzó el sexto lugar en la prueba combinada. La siguiente temporada, obtuvo el título en el Campeonato Estadunidense en 2003 y 2004. En las siguientes Olimpiadas en 2006, Lindsey se cayó durante el entrenamiento y tuvieron que bajarla de la montaña vía aérea. Por suerte, no se rompió ningún hueso; aunque tenía mucho dolor cuando compitió dos días después y llegó en octavo lugar, estaba orgullosa de haber competido.

En 2008 a los 20 años, se convirtió en la campeona global y la campeona de descenso en la Copa Mundial de Esquí Alpino. Al año siguiente, defendió ambos títulos y ganó también la prueba Super-G. En 2009 se llevó las medallas de oro en descenso y Super-G en el Campeonato Mundial.

Aunque parecía imparable de cara a los Juegos Olímpicos de 2010, una semana antes de su llegada a la sede olímpica, tuvo otro accidente devastador y se rompió la espinilla. Por fortuna, el mal clima retrasó la carrera y tuvo más tiempo para recuperarse. Mientras bajaba a toda velocidad por la montaña durante la competencia, no sintió ni dolor ni nerviosismo alguno, sólo se concentró en hacerlo lo mejor posible. Al cruzar la meta se colapsó y levantó los brazos para celebrar haber cumplido su sueño. También ganó el bronce en la categoría Super-G. A finales de ese año, ya había ganado su tercer título Globo de Cristal, que se otorga al competidor con más puntos en la Copa Mundial de Esquí Alpino de la Federación Internacional de Esquí.

Lindsey Vonn sigue dominando el mundo del esquí alpino: en 2015, con 67 victorias en la Copa Mundial, impuso un nuevo récord; a la fecha tiene 77 victorias. En 2016 se convirtió en la primera persona en ganar 20 Globos de Cristal, por lo que se le considera la mejor esquiadora del mundo. Ha demostrado que es dura como el acero y que, a pesar de las lesiones, siempre se pondrá de pie de nuevo.

HA SIDO CAMPEONA DE DESCENSO EN ESQUÍ ALPINO 8 VECES.

SE LASTIMÓ LA RODILLA Y NO PUDO COMPETIR EN LAS OLIMPIADAS DE 2014, ASÍ QUE LAS CUBRIÓ COMO PERIODISTA.

HA GANADO 6 MEDALLAS EN CAMPEONATOS MUNDIALES.

GANÓ EL PREMIO ESPY A LA MEJOR ATLETA EN 2010 Y 2011.

LINDSEY VONN FOUNDATION AYUDA A EMPODERAR A NIÑAS EN EL DEPORTE.

JUEGA GOLF EN EVENTOS DE BENEFICENCIA.

PRIMERA CAMPEONA DE PESO GALLO FEMENIL.

GANÓ 12 PELEAS CONSECUTIVAS DE LA UFC.

"PELEADORA NÚMERO 1 DE AMM, LIBRA POR LIBRA, DE HOMBRES Y MUJERES", SEGÚN SPORTS ILLUSTRATED EN 2015.

"TEMO AL FRACASO TODO EL TIEMPO, PERO ESO NO BASTA PARA DEJAR DE INTENTARLO". RONDA ROUSEY.

RONDA ROUSEY

PELEADORA DE ARTES MARCIALES MIXTAS

Ronda Jean Rousey nació en 1987 y creció en California, EUA. Su madre fue la primera estadunidense campeona mundial de judo y Ronda se convirtió en campeona de judo también: ganó el oro en los Juegos Panamericanos de 2007 y el bronce en las Olimpiadas de 2008. Tras el intenso entrenamiento olímpico, se tomó un descanso del judo. Estaba muy dispersa, tuvo varios empleos y hasta vivió en su auto un tiempo. Pero después regresó a lo que amaba: la lucha; esta vez, a las artes marciales mixtas (AMM). Inició su entrenamiento en el Club de Pelea de Glendale, al principio, el dueño Edmond Tarverdyan no quería entrenarla; pero al ver su innegable habilidad varios meses, la preparó para su debut en AMM en 2010 y la entrenó toda su carrera.

En esa época no existía una plataforma importante para las mujeres en la AMM, pues a la gente le incomodaba que pelearan tan agresivamente, rompiéndose huesos y golpeándose en la cara. Muchos aficionados pensaban que las únicas que podían estar en la jaula eran las chicas en bikinis que anuncian cada round. Las mujeres peleaban en Strikeforce, una organización profesional más pequeña que la Ultimate Fighting Championship (UFC, por sus siglas en inglés). Gina Carano y Julie Kedzie fueron pioneras que mostraron su destreza en las primeras peleas de AMM televisadas y prepararon el camino para que Ronda fuera un ícono del AMM.

En 2011 Ronda quedó invicta en las AMM amateur y estuvo lista para pelear profesionalmente en Strikeforce: ganó 4 peleas, retó a la campeona Miesha Tate, la venció y fue la nueva campeona Strikeforce en 2012. Más tarde defendió su título contra Sarah Kaufman. Ese año, en parte, gracias al desempeño de Ronda en Strikeforce, la UFC abrió la primera división femenil y la nombró "La primera campeona Peso Gallo de la UFC", así se volvió una súper estrella de las AMM. La mayoría de sus peleas terminan en menos de un minuto; la más breve duró 16 segundos.

Del inicio de su carrera hasta hoy, ha ganado 12 peleas de AMM consecutivas. Su única derrota profesional fue en 2015, al perder el título de la UFC. Ronda es un ejemplo para las mujeres al ser la mejor en una profesión dominada por los hombres y ha probado estar entre los mejores luchadores, hombres y mujeres, de la historia.

LA PALANCA DE BRAZO ES SU LLAVE INSIGNIA.

SU AUTOBIOGRAFÍA SE LLAMA *MY FIGHT/YOUR FIGHT*.

LA LLAMAN "ROWDY".

PRIMERA MUJER ESTADUNIDENSE EN GANAR UNA MEDALLA OLÍMPICA DE JUDO.

INTERPRETÓ A UNA ESTRELLA DE ACCIÓN EN LAS PELÍCULAS *RÁPIDO Y FURIOSO 7* Y *LOS INDESTRUCTIBLES 3*.

4 VECES CAMPEONA FEMENIL DE MOTOCROSS.

PRIMERA PROFESIONAL SORDA DE MOTOCROSS.

HA GANADO 3 MEDALLAS EN LOS X GAMES.

"NO ME CONSIDERO DIFERENTE A LOS DEMÁS.
ES SÓLO QUE NO OIGO Y ESO ES QUIEN SOY. SIMPLEMENTE ME ENCANTA COMPETIR". ASHLEY FIOLEK.

ASHLEY FIOLEK

MOTOCROSS

Ashley Fiolek nació en 1990 en Michigan, EUA. Cuando le diagnosticaron sordera profunda, sus padres aprendieron lenguaje de señas y se involucraron con la comunidad de sordos. Para ellos, la sordera de Ashley no era un defecto, sino algo que la hacía única. Su padre y su abuelo fueron pilotos de *motocross* y, a los 7 años, ella tuvo su primera carrera y resultó ser una motociclista nata.

Los pilotos de *motocross* dependen del sonido del motor para saber cuándo cambiar de velocidad o cuándo la motocicleta está en neutral.

Muchos usan el oído para saber si otro competidor se acerca o si están a punto de rebasarlos. Ashley aprendió a utilizar sus otros sentidos: buscar sombras para detectar a sus oponentes y cambiar de velocidad con base en la vibración del motor en lugar de guiarse por el sonido. Al inicio, los padres de otros pilotos en la pista temían que una motociclista sorda pusiera a sus hijos en riesgo, pero cuando la vieron ganar, cambiaron de opinión. A los 17 años, se volvió profesional y firmó un contrato con Honda Red Bull Racing. Ganó el oro en los X Games de 2009 y 2010, y para el 2011 ya tenía 3 títulos del Campeonato de la Asociación de Motocross Femenil (WMA, por sus siglas en inglés).

El gran objetivo de Ashley era competir en carreras de *motocross* varonil. Pero antes de poder hacerlo, las cosas cambiaron en la WMA. En 2011 se transmitieron por televisión las competencias de *motocross*, pero sólo las varoniles profesionales. Sin la exposición a los medios, las carreras femeniles eran casi desconocidas; además, éstas a menudo se programaban al final del día, cuando el sol se metía y el público empezaba a irse. Los patrocinadores no estaban interesados, así que se deshicieron de las carreras femeniles y conservaron sólo las de la división amateur. Esto significaba no más patrocinios. Ashley se hartó: luego de ganar el Campeonato de la WMA en 2012, abandonó las carreras de motocross, porque las mujeres no recibían un trato justo. Sin embargo, aún conduce su moto como doble de acción y hace giras por todo su país contando su historia; disfruta andar en moto y le gustaría volver a competir, pero sólo si las mujeres son tratadas con dignidad y tienen las mismas oportunidades que los hombres.

ASHLEY SE SIENTE "UNA MISMA" CON SU MOTO Y CAMBIAR LAS VELOCIDADES SIGUIENDO LAS VIBRACIONES DEL MOTOR ES AHORA UNA REACCIÓN INSTINTIVA.

GANÓ UN CAMPEONATO DE LA WMA CON LA CLAVÍCULA ROTA.

SU PADRE FUE SU ENTRENADOR.

PARTICIPÓ EN EL MARVEL UNIVERSE LIVE.

SIN EL RUIDO DE LA MULTITUD Y LOS MOTORES, SIENTE MUCHA PAZ CUANDO ESTÁ EN LA PISTA.

GANÓ EL ORO EN LOS JUEGOS OLÍMPICOS DE 2012. Y 2016.

CAMPEONA MUNDIAL DE BMX.

PRIMERA PERSONA COLOMBIANA EN GANAR UNA MEDALLA DE ORO EN BMX OLÍMPICO.

"LA EMOCIÓN QUE SE SIENTE ES IMPOSIBLE DE EXPLICAR... VER MI BANDERA IZARSE Y ESCUCHAR EL HIMNO NACIONAL EN OTRO PAÍS ME HIZO SENTIR MÁS COLOMBIANA QUE NUNCA". MARIANA PAJÓN, SOBRE SU VICTORIA OLÍMPICA.

MARIANA PAJÓN

CICLISTA DE BMX

Mariana Pajón Londoño nació en 1991 y creció en Medellín, Colombia. Su hermano y su padre eran ciclistas de montaña (BMX) y ella comenzó a andar en bicicleta a los 4 años y a competir a los 9. Normalmente, era la única niña en las carreras y le ganaba a todos los chicos. No pasó mucho tiempo antes de que se convirtiera en campeona mundial.

El ciclismo BMX es un deporte de alta velocidad muy extremo: los ciclistas comienzan la carrera en una pendiente muy inclinada y corren hacia una pista de tierra con muchos obstáculos y saltos. Los ciclistas pasan toda la carrera de pie sobre los pedales para poder aprovechar la fuerza de sus piernas. El BMX es también un deporte de contacto: los múltiples choques y los huesos rotos son muy comunes.

Para convertirse en campeona de BMX, Mariana entrenaba hasta 8 horas diarias para fortalecer las piernas, de la misma forma en que lo haría una velocista. En 2008 a los 16 años, ganó su primer título mundial; luego ganó el Campeonato Mundial Junior al año siguiente y los Campeonatos Mundiales de 2010 y 2011. Asimismo, ganó medallas de oro en los Juegos Centroamericanos, los Juegos Sudamericanos y los Panamericanos de México en 2011. Mariana era la ciclista de BMX mejor clasificada del mundo, y a los 20 años calificó para los Juegos Olímpicos, el objetivo de toda su vida.

En las competencias de BMX, los 8 competidores deben mantenerse en su carril durante la primera y la última parte de la carrera. En la final olímpica, Mariana compitió en el cuarto carril, que no era su favorito. Pero decidió dar todo de sí y disfrutar su estancia en las Olimpiadas. Sintió una inusual oleada de calma antes de que abrieran las compuertas. Al frente de la competencia, no tenía más que ejecutar los saltos perfectamente. Nadie pudo alcanzarla y cruzó la meta para ganar la medalla de oro. Mariana estaba llena de orgullo por su país y de felicidad por haber alcanzado un sueño de esa magnitud.

Tras esta victoria en 2012, Mariana siguió dominando el mundo del BMX: ganó las medallas de oro en los Campeonato Mundiales de BMX del 2013 al 2016, y se volvió a llevar el oro en los Juegos Olímpicos de 2016. ¡Verdaderamente es la reina del ciclismo BMX!

ABANDERADA COLOMBIANA EN LA INAUGURACIÓN DE LOS JUEGOS OLÍMPICOS DE 2012.

DE NIÑA QUERÍA SER GIMNASTA OLÍMPICA.

EN 2011 COLOMBIA LA NOMBRÓ "LA DEPORTISTA DEL AÑO".

SE LE CONOCE COMO "LA REINA DEL BMX", "LA BANDIDA DEL BMX" Y "LA REINA DE LA PISTA".

COMPLEJO MARIANA PAJÓN

NOMBRARON UN COMPLEJO DE CICLISMO EN SU HONOR.

SEGUNDA PERSONA COLOMBIANA EN GANAR UNA MEDALLA DE ORO OLÍMPICA.

HA IMPUESTO 9 RÉCORDS MUNDIALES.

HA GANADO 9 MEDALLAS DE ORO EN CAMPEONATOS MUNDIALES.

HASTA AHORA, HA GANADO 5 MEDALLAS OLÍMPICAS DE ORO Y 1 DE PLATA.

"LA MENTALIDAD DEL NADADOR SIEMPRE ES MEJORAR, DAR LO MEJOR POSIBLE DE TI. TÚ NO PUEDES CONTROLAR LO QUE HARÁN OTROS NADADORES". "KATIE" LEDECKY

KATIE LEDECKY

NADADORA

UNA DE LAS TÉCNICAS DE KATIE SE CONOCE COMO LA BRAZADA "GALOPANTE" O EL "ARRE".

FUE LA MUJER MÁS JOVEN EN LA LISTA DE LOS 100 DE LA REVISTA TIME.

HA GANADO EL PREMIO GOLDEN GOOGLE A LA "ATLETA DEL AÑO" DE 2013 A 2015.

Kathleen Genevieve "Katie" Ledecky nació en 1997 en Washington, D.C., EUA. Su madre le enseñó a nadar cuando era pequeña y se unió por primera vez a un equipo de natación a los 6 años. A partir de ahí comenzó a fijarse metas en un diario en el que registraba los tiempos que deseaba obtener. Disfrutaba anotar cómo mejoraban sus tiempos y cómo alcanzaba nuevos objetivos. Conforme crecía y seguía entrenando, se hizo conocida por tener una fuerte ética de trabajo, una personalidad alegre y por su velocidad en el agua.

Su empeño rindió frutos: en segundo de secundaria clasificó para las pruebas olímpicas y se ganó un puesto en el equipo estadunidense en los Juegos Olímpicos de 2012. Su nuevo objetivo era conseguir el oro olímpico: a los 15 años, Katie ganó su primera medalla de oro en la carrera de los 800 m, rompiendo el récord estadunidense anterior.

Katie era imparable. En 2013 ganó 4 medallas de oro en el Campeonato Mundial y, en 2014, obtuvo la medalla de oro en las 5 pruebas del Campeonato Pan Pacífico, incluidos los relevos de 800 m, los 200 m, los 400 m, los 800 m y la prueba más impresionante e intensa de todas: los 1500 m. En el Campeonato Mundial de 2015, también ganó 5 medallas de oro en estas mismas categorías. Mientras tanto, siguió imponiendo récords mundiales e incluso rompió los suyos.

En las Olimpiadas de 2016, sorprendió al mundo al obtener medallas en todas las competencias en las que participó. Impuso un nuevo récord mundial y ganó el oro tanto en los 400 m como en los 800 m libres. También ganó las medallas de oro en los 200 m libres y en los relevos de 4x200, y la plata en los relevos de 4x100.

En su corta carrera, Katie Ledecky ya se ha convertido en leyenda. No le gusta estar fuera del agua mucho tiempo: se le puede encontrar practicando y entrenando para su próxima medalla, para poder romper sus propios récords mundiales y conseguir siempre su mejor desempeño.

SE DESCRIBE A SÍ MISMA COMO UNA "NADADORA DE LARGA DISTANCIA CON MENTALIDAD DE VELOCISTA".

SU MADRE NADÓ PARA LA UNIVERSIDAD DE NUEVO MÉXICO.

¡RÉCORD MUNDIAL!

HA GANADO MÁS DE 20 MEDALLAS EN COMPETENCIAS INTERNACIONALES IMPORTANTES.

PRIMERA GIMNASTA EN GANAR 3 TÍTULOS ALL-AROUND CONSECUTIVOS.

HA GANADO 14 MEDALLAS EN CAMPEONATOS MUNDIALES Y 5 MEDALLAS OLÍMPICAS.

ES CONSIDERADA LA MEJOR ATLETA EN GIMNASIA EN EL MUNDO.

"NO SOY LA PRÓXIMA USAIN BOLT, NI LA SIGUIENTE MICHAEL PHELPS.
SOY LA PRIMERA SIMONE BILES". SIMONE BILES.

SIMONE BILES

GIMNASTA

Simone Biles corre a toda velocidad para catapultarse en el aire: primero hace un doble mortal y vuela con las piernas completamente rectas. Se mueve impecablemente en el aire, y en el último minuto para finalizar hace una media vuelta con un aterrizaje a ciegas perfecto. Este movimiento, conocido como "El Biles", es la acrobacia insignia de una de las más grandes gimnastas de la historia de este deporte. Requiere tanta fuerza que la mayoría de los gimnastas hombres no pueden ejecutarla.

Simone Arianne Biles nació en Ohio, EUA, en 1997. De niña se fue a vivir con sus abuelos a Texas, y muy pronto ellos la adoptaron junto con su hermana, convirtiéndose en sus padres. De pequeña, Simone siempre saltaba por toda la casa, haciendo marometas y vueltas de carro. Probó la gimnasia por primera vez a los 6 años en una visita escolar al gimnasio. Los entrenadores de inmediato notaron su talento natural y comenzaron a entrenarla.

En 2013 ganó el Campeonato Mundial de Gimnasia por primera vez y defendió su título en 2014 y 2015, así llegó a ser la primera mujer en ganar la competencia All-Around en Campeonatos Mundiales 3 años consecutivos. Por supuesto, enseguida se ganó un lugar en el equipo olímpico estadunidense de 2016. La presión estaba a tope y ella no defraudó a su país.

Sus ejercicios olímpicos de piso incluyeron "El Biles" y también otras maniobras complicadas como el doble salto al frente con giro y el doble salto mortal para atrás agrupado con dos giros. Hizo una rutina olímpica con 4 saltos complicados —la mayoría de los gimnastas hacen 1 o 2. Al final, aunque Simone casi nunca siente las piernas, siempre tiene una gran sonrisa.

En las Olimpiadas de 2016, ella se desempeñó con perfección sobrehumana y su nombre fue conocido por todos. Ganó el oro en salto de potro, piso, All-Around individual y en equipo. También ganó el bronce en la barra de equilibrio, empatando el récord de más medallas ganadas en los mismos Juegos Olímpicos por una gimnasta estadunidense. Simone intenta pasarla bien, dando vueltas y girando mientras vuela por el aire, y sus millones de seguidores se mueren por ver qué es lo que hará a continuación.

HA GANADO 4 TÍTULOS NACIONALES ALL-AROUND.

"EL BILES" SE LLAMA ASÍ PORQUE ES LA PRIMERA PERSONA EN CAER DE PIE TRAS ESTA MANIOBRA EN UNA COMPETENCIA.

TIENE EL RÉCORD DE MEDALLAS CON 10 OROS EN CAMPEONATOS MUNDIALES.

MIDE 1.42 M.

COME PIZZA DESPUÉS DE CADA COMPETENCIA.

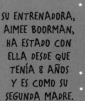
SU ENTRENADORA, AIMEE BOORMAN, HA ESTADO CON ELLA DESDE QUE TENÍA 8 AÑOS Y ES COMO SU SEGUNDA MADRE.

MÁS MUJERES EN EL DEPORTE

DONNA LOPIANO
1946 -

Fue 6 veces campeona nacional, 9 veces competidora All-American y 3 veces "Jugadora más valiosa de softbol". Fue directora de la Fundación del Deporte Femenil y es la presidenta de Sports Management Resources.

DIANA NYAD
1949 -

Esta valiente atleta fue la primera persona en nadar desde Cuba hasta Florida sin jaula de buzo, ¡a los 64 años!

NANCY LOPEZ
1957 -

Considerada una de las mejores golfistas de la historia, ganó 48 pruebas de la Asociación de Golf Femenil Profesional e incontables premios; entró al Salón de la Fama del Golf en 1987.

LAILA ALI
1977 -

Hija de la leyenda del box, Muhammad Ali, sigue invicta tras 24 peleas ganadas, 21 las ganó por nocaut.

KERRI STRUG
1977 -

Inspiró al mundo cuando participó en la prueba de salto de potro con un tobillo luxado, en las Olimpiadas de 1996. Una caída incorrecta del potro puede romper huesos y lesionar a los atletas, pero Kerri cayó sobre un solo pie y se llevó la medalla de oro.

MISTY MAY-TREANOR
1977 -
KERRI WALSH JENNINGS
1978 -

Consideradas las mejores jugadoras de volibol en parejas del mundo, han ganado 112 partidos consecutivos. Ganaron medallas de oro en las Olimpiadas de 2004, 2008 y 2012.

ANNIE SMITH PECK
1850 -1935

En una época en que no se esperaba que las mujeres hicieran deporte, Annie escaló algunas de las montañas más altas del hemisferio occidental. En 1911 puso una bandera de "Voto para las mujeres" en el volcán Coropuna.

ORA WASHINGTON
1898 -1971

Conocida como "La reina del tenis", fue campeona de la Asociación Estadunidense de Tenis, al ganar 8 veces el título individual y el de dobles 12 años seguidos.

MARGARET MURDOCK
1942 -

Fue 6 veces campeona nacional, 9 competidora All-American y 3 "Jugadora más valiosa de softbol". Dirigió la Fundación del Deporte Femenil y es la presidenta de Sports Management Resources.

FLORENCE GRIFFITH-JOYNER
1959 -

Ganó 3 medallas de oro y 1 de plata en las Olimpiadas de 1988. Instauró récords que siguen vigentes para las carreras de 100 y 200 m, y aún es considerada una de las corredoras más rápidas de la historia.

CAMILLE DUVALL
1960 -

Sports Illustrated la nombró entre las 100 mejores atletas del siglo. Ha ganado el Campeonato Profesional 43 veces y fue clasificada número 1 en salto femenil.

KRISTIN ARMSTRONG
1973 -

Era triatleta, pero le dio osteoartritis. Entonces se concentró en el ciclismo y ganó el oro en las Olimpiadas de 2008, 2012 y 2016. También ganó 2 veces en el Campeonato Mundial.

FU MINGXIA
1978 -

Pocos días antes de cumplir 14 años, ganó su primer oro olímpico en 1992. Luego obtuvo 2 medallas de oro más en las Olimpiadas de 1996; y en el 2000, se llevó el oro olímpico en clavados y la plata en clavados sincronizados.

MICHELLE KWAN
1980 -

Una de las mujeres más triunfadoras en el patinaje artístico estadunidense, con 5 títulos mundiales, 9 nacionales y 2 medallas olímpicas. Ahora trabaja en el Consejo Presidencial del Deporte, Entrenamiento Físico y Olimpiadas Especiales.

PAMELA ROSA
1999 -

En 2016 esta brasileña de 16 años, se convirtió en la campeona más joven de los X Games en la prueba de patineta de calle. Antes, ganó la medalla de plata en los X Games de 2014 y 2015.

CONCLUSIÓN

A través de la historia, las mujeres ha tenido que saltar más alto, correr más rápido y pelear más duro para probar su valor en el campo deportivo. A pesar de que constituyen la mitad de la población del mundo, y cada una es un individuo con fuerza y habilidades únicas, tradicionalmente les han dicho que son débiles y que la belleza es el único aspecto de su cuidado físico por el que deberían preocuparse.

Las atletas que aparecen en este libro rompieron estos estereotipos y mostraron que las mujeres no son frágiles; al contrario, son competidoras feroces que nunca se rinden. Y aunque enfrentaron retos enormes, con cada récord roto y con cada hazaña deportiva, mostraron de lo que son capaces las mujeres. Además probaron que no hay nada más "femenino" que entrenar con fuerza, sudar y aspirar a la grandeza, ayudaron a destruir el mito de que el cuerpo de la mujer es inherentemente débil e inspiraron a chicas de todos lados a ser independientes y perseguir sus sueños, dentro y fuera del campo de juego. Su grandeza las convirtió en líderes y ejemplos para el mundo. Entonces, pregúntate: ¿cuál es mi siguiente victoria? ¿En qué saldré vencedora? Siempre recuerda jugar con ímpetu, dar la batalla y no temer a los grandes sueños, porque eres muy fuerte.

AGRADECIMIENTOS

Primero quiero felicitar a todas las mujeres valientes que, de cara al escepticismo, decidieron ser fuertes y seguir su pasión por el deporte. Se han esforzado —y lo siguen haciendo— más allá de sus propios límites para convertirse en las mejores atletas posibles. Gracias a su gran trabajo podemos derrocar el mito de que el cuerpo de las mujeres es débil.

Un enorme agradecimiento a las jóvenes que dan todo en el campo de juego, en la piscina o en la cancha. Me emociona ver cuáles nuevos récords imponen y cómo sorprenden y cambian el mundo con sus logros.

Quiero agradecer a mi maravilloso equipo de Ten Speed Press: a la mejor editora de todos los tiempos, Kaitlin Ketchum; al talentoso y estupendo publicista Daniel Wikey, y a las diseñadoras y formadoras magas, Tatiana Pavlova y Lizzie Allen. Muchas gracias por su trabajo y su talento que hicieron posible este libro. Y un agradecimiento enorme a mi increíble representante, Monica Odom, por todo su apoyo.

También quiero agradecer a mis padres y a mi hermano beisbolista, Adam Ignotosfky, quien soportó toda una vida con una hermana mayor sedentaria. Un gran agradecimiento a Aditya Voleti por las valiosas sugerencias, por la revisión de datos y por nuestras caminatas de medianoche. Gracias también a Lauren Hale por sus ideas maravillosas durante muchas horas felices. Y un "te amo y gracias enormes" a mi marido, Thomas Mason IV, por apoyarme y alimentarme en las largas noches de dibujo, y por enseñarme de una vez por todas a andar en bicicleta.

SOBRE LA AUTORA

Rachel Ignotosfky es ilustradora y una de las autoras más vendidas según la lista del *New York Times*, quien se siente orgullosa de compartir estas historias sobre mujeres increíbles del mundo. Su primer libro, *Mujeres de ciencia*, ha alentado tanto a niños como a adultos a aprender más sobre las mujeres científicas que cambiaron el mundo. Con *Mujeres en el deporte*, Rachel desea que todos conozcan cómo estas valientes atletas lucharon por lo que las apasionaba y cambiaron la percepción sobre lo que el cuerpo de las mujeres es capaz de lograr.

Rachel creció en Nueva Jersey, EUA, con una sólida dieta de caricaturas y natilla, y se graduó con honores de la Escuela Tyler de Arte y Diseño Gráfico en 2011. Hoy vive en Kansas City, Missouri. Rachel es escritora e ilustradora independiente y pasa el día y la noche dibujando, escribiendo y aprendiendo cuanto puede. Su trabajo se inspira en la historia y la ciencia. Considera que la ilustración es una poderosa herramienta para que el aprendizaje sea emocionante, le apasiona tomar información densa para convertirla en algo divertido y accesible. Para saber más sobre Rachel, visita su sitio web en www.rachelignotofskydesign.com

La investigación para este libro fue muy divertida. Usé todo tipo de fuentes de información: periódicos, entrevistas, conferencias, libros, películas e internet. También, los artículos noticiosos y las esquelas fueron clave para saber más sobre la historia de estas impresionantes mujeres. Si te interesa conocer más sobre ellas (¡y deberías hacerlo!) aquí están algunas de las fuentes que consulté, son un buen punto de partida. Para ver una lista más detallada de bibliografía sobre las mujeres que aparecen en este libro, visita www.rachelignotofskydesign.com/women-in-sports-resources

LIBROS

Bryant, Jill, *Women Athletes Who Changed the World (Great Women of Achievement)*, Nueva York, Rosen Pub., 2012.

Dixon, Joan, *Trailblazing Sports Heroes: Exceptional Personalities and Outstanding Achievements in Canadian Sport*, Canmore, AL. Altitude Pub., Canadá, 2013.

Garg, Chitra, *Indian Champions: Profiles of Famous Indian Sportspersons*, Kashmere Gate, Nueva Delhi, Raipal & Sons, 2010.

Hasday, Judy L., *Extraordinary Women Athletes (Extraordinary People)*, Nueva York, Children's Press, 2000.

McDougall, Chros, *Girls Play to Win Figure Skating*, Chicago, Norwood House Press, 2011.

Rappoport, Ken, *Ladies First: Women Athletes Who Made a Difference*, Atlanta, Peachtree, 2005.

Woolum, Janet. *Outstanding Women Athletes: Who They Are and How They Influenced Sports in America*, Phoenix, Oryx Press, 1992.

ESTADÍSTICAS

Cheryl Cooky, Michael A. Messner y Michela Musto, "It's Dude Time!". A Quarter Century of Excluding Women's Sports in Televised News and Highlight Shows, *Communication & Sport*, publicado el 5 de junio de 2015.

Good, Andrew, "When It Comes to Women in Sports, TV News Tunes Out", *USC News*, 5 de junio de 2015, www.news.usc.edu/82382/when-it-comes-to-women-in-sports-tv-news-tunes-out/, revisado el 17 de octubre de 2016.

Isidore, Chris, "Women World Cup Champs Win Waaaaay Less Money than Men", *CCN Today*, 7 de julio de 2015, www.money.cnn.com/2015/07/07/news/companies/womens-world-cup-prize-money/, revisado el 17 de octubre de 2016.

"Pay Inequity in Athletics", *Women's Sports Foundation*, 20 de julio de 2015, www.womenssportsfoundation.org/research/article-and-report/equity-issues/pay-inequity/, revisado el 17 de octubre por 2016.

Pilon, Mary, "The World Cup Pay Gap: What the U.S. and Japan Didn't Win in the Women's Soccer Final", *POLITICO Comments*, 6 de julio de 2015, www.politico.eu/article/world-cup-women-pay-gap-gender-equality/, revisado el 17 de octubre de 2016.

SITIOS WEB

Enciclopedia Británica: www.britannica.com

ESPN Críquet Info: www.espncricinfo.com

ESPN SportsCentury: www.espn.go.com/sportscentury

Base de datos obituarios de *Los Angeles Times*: www.obituaries.latimes.com

Página oficial de los Juegos Olímpicos: www.olympic.org

Makers, la colección más grande de videos sobre mujeres: www.makers.com

Museo Nacional del Salón de la Fama de las Carreras: www.racingmuseum.org

Esquelas del *New York Times*: www.nytimes.com/section/obituaries

Rio 2016 NBC Olympics: www.nbcolympics.com

Bóveda de Sports Illustrated: www.si.com/vault

Team USA: www.teamusa.org

TED Women: www.ted.com/topics/women

USA Gymnastics: www.usagym.org

U.S. Soccer: www.ussoccer.com

VICE Sports: www.sports.vice.com/en_us

Women's Sports Foundations: www.womenssportsfoundation.org

World Archery: www.worldarchery.org

X Games: www.xgames.espn.com

Aquí hay algunos artículos y videos más específicos, que son muy interesantes y que me ayudaron a escribir este libro.

Bernstein, Viv. "Susan Butcher, Pioneer in Sled-Dog Racing, Is Dead at 51". *New York Times*. 7 de abril de 2006, www.nytimes.com/2006/08/07/sports/07butcher.html, revisado el 16 de octubre de 2016.

"Best Olympic Archers of All-Time: #1 Kim Soo-Nyung". World Archery. 7 de julio de 2016. www.worldarchery.org/news/142020/best-olympic-archers-all-time-1-kim-soo-nyung, revisado el 17 de octubre de 2016.

"Bev Francis". IFBB Professional League. www.ifbbpro.com/bev-francis/, revisado el 16 de octubre de 2016.

"Billie Jean King: This Tennis Icon Paved the Way for Women in Sports". Ted Women. Mayo de 2015. www.ted.com/talks/billie_jean_king_this_tennis_icon_paved_the_way_for_women_in_sports?language=en, revisado el 16 de octubre de 2016.

Costantinou, Marianne. "Ann Calvello, The Flamboyant Villainess of Roller Derby". SFGate. 16 de marzo de 2006. www.sfgate.com/bayarea/article/Ann-Calvello-the-flamboyant-villainess-of-2501749.php, revisado el 16 de octubre de 2016.

Day, Peter. "Why Ellen MacArthur Is Still Going round in Circles". BBC News. 23 de enero de 2015. www.bbc.com/news/business-30912769, revisado el 17 de octubre de 2016.

Dumas, Daisy. "Winning Approach: Surf Champion Layne Beachley on What Drives Her". *Sydney Morning Herald*. 11 de marzo de 2016. www.smh.com.au/nsw/brunch-with-layne-beachley-20160309-gnep85.html, revisado el 16 de octubre de 2016.

Durso, Joseph. "Horse Racing, She's Julie Krone, Jockey* (*No Asterisk .Needed)". *New York Times*. 2 de octubre de 1991. www.nytimes.com/1991/10/02/sports/horse-racing-she-s-julie-krone-jockey-no-asterisk-needed.html, revisado el 16 de octubre de 2016.

Fincher, Julia. "Who is... Simone Biles." NBC Olympics. 29 de julio de 2016. www.nbcolympics.com/news/who-simone-biles, revisado el 17 de enero de 2016.

Hanser, Kathleen. "Georgia "Tiny" Broadwick's Parachute". National Air and Space Museum. 12 de marzo de 2015. www.airandspace.si.edu/stories/editorial/georgia-"tiny"-broadwick's-parachute, revisado el 16 de octubre de 2016.

Hedegaard, Erik. "Ronda Rousey: The World's Most Dangerous Woman". *Rolling Stone*. 28 de mayo de 2015. www.rollingstone.com/sports/features/ronda-rousey-the-worlds-most-dangerous-woman-20150528, revisado el 17 de enero de 2017.

Horn, Robert. "No Mountain Too High For Her, Junko Tabei Defied Japanese Views Of Women To Become An Expert Climber". *Sports Illustrated*. 29 de abril de 1996. www.si.com/vault/1996/04/29/212374/no-mountain-too-high-for-her-junko-tabei-defied-japanese-views-of-women-to-become-an-expert-climber, revisado el 16 de octubre de 2016.

Howard, Johnette. "The Right Woman for the Job". ESPNW. 1 de diciembre de 2013. www.espn.com/espnw/news-commentary/article/10044322/espnw-nba-ref-violet-palmer-paved-way-other-women, revisado el 16 de octubre de 2016.

Hussain, Leila, and Matthew Knight. "Valentina Vezzali: Olympic Fencer Turned Political Jouster". CNN. 22 de abril de 2015. www.edition.cnn.com/2015/04/22/sport/valentina-vezzali-fencing-olympics-italy/, revisado el 17 de octubre de 2016.

Khaleeli, Homa. "Nicola Adams: 'It always felt like boxing was my path'". *Guardian Saturday interview*. 8 de agosto de 2014. www.theguardian.com/sport/2014/aug/08/nicola-adams-boxing-was-my-path, revisado el 17 de enero de 2017.

Kloke, Joshua. "Manon Rheaume Remains an Inspiration to Female Hockey Players". VICE Sports. 20 de enero de 2015. www.sports.vice.com/en_us/article/manon-rheaume-remains-an-inspiration-to-female-hockey-players, revisado el 17 de octubre de 2016.

Litsky, Frank. "Aileen Riggin Soule, Olympic Diver and Swimmer, Dies at 96". *New York Times*. 21 de octubre de 2002. www.nytimes.com/2002/10/21/sports/aileen-riggin-soule-olympic-diver-and-swimmer-dies-at-96.html, revisado el 16 de octubre de 2016.

"Pajón focused on retaining BMX crown". International Olympic Committee. 23 de junio de 2016. .www.olympic.org/news/pajon-focused-on-retaining-bmx-crown, revisado el 17 de enero de 2017.

Price, S.L. "Back to her roots: How Katie Ledecky became so dominant in the pool". *Sports Illustrated*. 1 de junio de 2016. www.si.com/olympics/2016/06/01/olympics-2016-road-to-rio-katie-ledecky-swimming, revisado el 17 de enero de 2017.

Roenigk, Alyssa. "Silence is Golden". ESPN. 27 de enero de 2010. www.espn.com/action/news/story?id=4227966, revisado el 17 de enero de 2017.

Siljeg, Sky. "A Talk with Patti McGee, "The First Betty" of Skateboarding on Going Pro". Scholastic. www.teacher.scholastic.com/scholasticnews/indepth/skateboarding/articles/index.asp?article=patti, revisado el 16 de octubre de 2016.

"Syers Skates to Landmark Gold". International Olympic Committee. www.olympic.org/news/syers-skates-to-landmark-gold, revisado el 16 de octubre de 2016.

Thomas, Robert MCG., Jr. "Toni Stone, 75, First Woman To Play Big-League Baseball ...". *New York Times*. 10 de noviembre de 1996. www.nytimes.com/1996/11/10/sports/toni-stone-75-first-woman-to-play-big-league-baseball.html, revisado el 16 de octubre de 2016.

Thompson, Anna. "Women's Sport Pioneers: Cyclist Beryl Burton". BBC Sport. 2 de marzo de 2015 www.bbc.com/sport/cycling/31641006, revisado el 16 de octubre de 2016.

Trans World Sport. "Kelly Clark US Snowboarding Sensation". YouTube. 20 de enero e 2015. www.youtube.com/watch?v=rt72QMByBg8, revisado el 17 de enero de 2017.

White, Ronald D. "How I Made It: Anita L. DeFrantz, President of the LA84 Foundation". *Los Angeles Times*. 27 de abril de 2014. www.latimes.com/business/la-fi-himi-defrantz-20140427-story.html, revisado el 16 de octubre de 2016.

Woo, Elaine. "Sue Sally Hale, 65; First Woman of Polo Played 20 Years in Disguise". *Los Angeles Times*. 1 de mayo de 2003 http://articles.latimes.com/2003/may/01/local/me-hale1, revisado el 16 de octubre de 2016.

Yardley, William. "Keiko Fukuda, a Trailblazer in Judo, Dies at 99". *New York Times*. 16 de febrero de 2013 www.nytimes.com/2013/02/17/sports/keiko-fukuda-99-a-trailblazer-in-judo-is-dead.html, revisado el 16 de octubre de 2016.

Dedicado a Thomas

Mujeres en el deporte.
50 atletas valientes que jugaron para ganar

Título original: *Women in Sports: 50 Fearless Athletes Who Played to Win*

Primera edición, 2018

Coedición:
Editorial Santillana, S.A. de C.V.
Secretaría de Cultura

ISBN: 978-607-01-4069-3, Editorial Santillana
ISBN: 978-607-745-858-6, Secretaría de Cultura

Impreso en México / *Printed in Mexico*

Mujeres en el deporte: 50 valientes atletas que jugaron para ganar
se imprimió en los talleres de Editorial Impresora Apolo S. A. de C. V.,
Centeno núm. 150-6, Col. Granjas Esmeralda, Iztapalapa, 09810, Ciudad de México,
en el mes de agosto de 2018. El tiraje fue de 2 000 ejemplares.